새 공화주의와 한반도 평화

비지배 평화와 아시아 공화주의

일러두기

- 외래어 표기는 현행 어문규정의 외래어표기법을 따랐습니다.
- 이 책은 〈동향과 전망〉 121호, 123호, 124호에 실린 내용을 재편집하여 발간하였습니다.

새 공화주의와 한반도 평화

비지배 평화와 아시아 공화주의

이기호 · 구갑우

대한민국, 서울, 박영률출판사, 2025

새 공화주의와 한반도 평화:
비지배 평화와 아시아 공화주의

지은이 이기호 · 구갑우
펴낸이 박영률

초판 1쇄 펴낸날 2025년 7월 1일

박영률출판사
출판등록 제313-1997-000018호(1997년 2월 13일)
02880 서울시 성북구 성북로 5-11
전화(02) 7474 001, 팩스(02) 736 5047
commbooks@commbooks.com
www.commbooks.com

ISBN 978-89-5887-253-5 03340

책값은 뒤표지에 표시되어 있습니다.

새 공화주의 대안 기획을 시작하며

세계가 혼란에 빠져 있고 나라는 분열되어 있다. 우리는 충돌과 쇠락을 막기 위한 사상과 정책이 필요하다고 생각한다. 이에 '새 공화주의(New Republicanism)' 대안을 제기하고자 한다.

우리가 새로운 사상과 대안을 논의하려는 것은 실천적 정치경제학을 재구축하려는『동향과 전망』의 창간 정신에 맞닿아 있다.『동향과 전망』창간(1988)은 1980년대 후반의 경제성장과 민주화체제 형성, 글로벌화의 진전과 사회주의권의 격동에 대응하려는 이론적 실천의 소산이었다. 2010년대 중반 이후에는 1980년대 말 이상의 대변농이 벌어지고 있다. 미 · 중 경쟁 속에서 동아시아 · 한반도에서의 갈등이 진전되고 있다. 국내적으로는 1987년 체제의 점진주의 균형이 무너지고 발전주의 모델은 내외의 한계에 부딪쳤다. 다시 새로운 정치경제학이 절실하게 필요해진 시점이다.

이에 우리는 혼란과 분열에 대응하는 체제적 대안으로 '새 공화주의'를 구성하는 실험을 시작하려 한다. 자유주의와 사회주의는 근대 세계체제의 핵심 사상인데, 사회주의는 실패했고 이제 자유주의 역시 세계질서를 규율하지 못하고 있다. 사회민주주의도 퇴조하고 있고, 동아시아 발전주의 모델도 제대로 작동하기 어렵다. 특히 한반도 분단체제는 사상의 부재 · 결핍과 계층 · 지역 · 세대의 분열을 심화하였다.

혼란 속에서 국가 · 사회는 방향을 잃고 타락과 와해의 길로 치달을 수 있다. 이제 다시 '공동의 것(res publica)'을 세우는 사상과 실천이 절박하게 필요해졌다. 우리는 '공동의 것'을 추구하는 공화주의가 새로운 사상 실천의 출발점이 될 수 있다고 본다. 공화주의는 근대 자유주의 · 사회주의 이전의 원류적 사상이며 서구와 동아시아에 모두 뿌리를 두고 있다.

이에 우리는 그간의 공화주의 논의를 다시 공부하면서 미래적 관점의 체제 요소와 대안을 모색하고자 한다. 그간의 공화국 체제 논의에서 좀 더 나아가 그 내포와 외연을 심화 · 확장하는 노력을 모아나가려고 한다. 우리의 사상적 실험이, 새로운 질서의 벽돌이 될 수 있기를 감히 희망해 본다.

2025년 6월 10일

『동향과 전망』 편집위원장 이일영

한반도 평화를 위한 길

21세기 들어서 우리가 경험하고 있는 것은 민주주의의 실패와 국가의 실패다. 특히 G7, G20라고 불리는 이른바 선진국들의 실패가 뚜렷하다. 민주주의의 위기는 제도적 결함에 있지 않다. 문제는 오히려 미국의 트럼프와 한국의 윤석열에서 볼 수 있듯이 제도적 권리의 남용에 있다. 민주공화국의 한 구성요소인 헌정주의가 법에 의한 지배로 둔갑하고 법에 접근성이 높은 사람들에 의하여 법이 수단화되고 있는 현실에 있다. 법이 부여하는 권력을 무기로 삼는 현실은 민주주의가 얼마나 위험할 수 있는가를 보여준다. 공화주의를 다시 주목하는 이유이기도 하다.

시민혁명의 상징적인 계기가 되었던 프랑스 혁명의 자유, 평등, 우애(fraternity)는 우선순위가 없으며 이 가운데 어느 하나가 결여되어도 중단 없는 시민혁명은 그 가치를 상실한다. 그런데 민주주의는 우애의 가치를 처음부터 상정하지 않고 있다. 우애는 헌정주의에 의해서 완성되지 않는다. 인간관계, 사회적 맥락, 공공성 등 휴머니즘을 바탕으로 한 공동체성으로 이루어지기 때문이다. 우애는 공화주의가 다시 회복시켜야 할 가치이자 공화주의가 성장할 수 있는 토양이기도 하다.

제6공화국을 성찰하면서 제7공화국을 다시 열어가기 위해서는 공화주의 가치가 민주주의와 더불어 조화롭게 존중되어야 한다. 19세기말 조선왕조의 무능과 제국의 침략주의로부터 삶의 현장을 지키고 나라를 다시 만들려고 했던 개벽사상(開闢思想)은 공화주의의 DNA를 가지고 있었다. 그러나 역설적으로 동학혁명은 동아시아에서 중국적 세계질서의 종언을 알린 청일전쟁(淸日戰爭)을 낳았고 동북아의 식민화를 가속화시켰지만 그것은 의도한 것이 아니며 오히려 그러한 방향으로 가지 않기 위해 저항했던 민중들의 의지를 배반한 결과였다. 당시의 개화사상(開化思想) 역시 민권사상과 리더십 육성을 통해 새로운 공공성을 만들고자 하였다. 불행하게도 개벽사상과 개화사상은 모두 새로운 국가건설의 가치와 이념으로 성장하지 못하고 분단체제를 맞이하면서 귄터 그라스의 양철북 소년과 같이 성장을 멈춰버리고 말았다.

분단체제는 그람시(A. Gramsci)와 지젝(S. Žižek)이 지적하는 것처럼, 새로운 것의 출현을 억압하는 괴물로 줄곧 작동해 왔다. 개벽과 개화사상의 핵심에는 '민권'을 넘어 '민본' 사상이 내재해 있다. 분단체제가 이어지고 있지만 4.19혁명, 5.18항쟁, 6월항쟁은 물론 촛불혁명에서 빛의 혁명에 이르는 역사적 맥락에는 민본주의가 흐르고 있다. 민본주의는 좌파, 우파 등의 이데올로기가 아니라 '삶(life)'과 '현장(local)'에 관한 것이다. 민본주의는 국가보다 더 오랜 역사를 가지고 있는 삶의 공동체로서 현장을 재활성화시키는 것이며 궁극적으로 누구에게도 지배받지 않는 자유를 기본으로 연대성을 회복하고자 하는 철학이며 운동 그 자체라고 할 수 있다.

21세기에 공화주의의 가치가 실질적으로 실현되기 위해서는 공화주의가 일국적 차원에 머물지 않고 국제질서로 확장되어야 한다. 곧 국가 간에 신(neo) 공화주의와 새(new) 공화주의가 제시한 '비지배(non-domination)로서의 자유'의 원칙이 반드시 적용되어야 한다. 그런 의미에서 이 책에 실린 글들은 비지배 자유의 원칙을 국제질서로 확장해야만 국내적 차원에서 공화주의도 가능하다는 점을 강조하고 있다. 곧 국가 간 비지배 자유의 원칙은 비지배 평화의 원칙으로 해석되고 발전되어야 한다. 비지배 평화의 원칙은 국익을 당연시하는 미국 우선주의와 같은 민주주의와 병립이 가능한 국가의 외교정책에 대하여 근본적으로 비판하고 저항하는 담론의 성격을 가지고 있다.

비지배 자유의 비지배 평화로의 확장은 국제관계의 공

화화, 특수한 국제관계로서 남북관계의 공화화를 위한 시도다. 여기에서 두 경로를 상상해 볼 수 있다. 첫째, 국제관계의 공화화를 국내적 기획의 연장으로 생각해 볼 수 있다. 이 인식론적 연속은, 비지배 자유를 국제적 수준의 이상으로 설정하고 국제적 수준에서 공화주의의 구성요소인 혼합정체와 견제하는 시민들을 조직하는 것이다. 국제적 수준에서 세계공화국 만들기와 그 기초로 세계시민사회를 상상하는 것, 한반도 수준에서 '공화국 연합제'를 구상하는 것이, 그 예들이다. 둘째, 국내와 국제의 사유에서 인식론적 단절을 기초로, 세계공화국과 같은 것이 불가능하다면, 다양한 형태의 국제제도, 한반도적 제도와 같은 기능적 등가물을 만드는 경로다.

다른 한편, 국제관계와 남북관계의 공화화는 국가성격 자체의 전환을 필요로 한다. 사회계약론이 나오고 베스트팔렌조약으로 국민국가가 만들어진 역사는 그리 길지 않다. 본질적으로 국가는 정치적 상상력을 제도화하면서 만들어온 공동체의 틀에 불과하다. 굳이 바깥이 존재하지 않는 하나의 제국을 건설하지 않아도 국가의 성격이 변화함으로써 존재하지만 존재하지 않는 국경선으로 새롭게 글로벌 공화국을 만들 수 있다. 그 핵심에는 삶의 현장으로서 지역(local)이 주권에 해당하는 권한을 가지고 신뢰에 기초한 연대(solidarity)를 만들어가는 연방/연합주의를 다양한 방식으로 실험해 가는 것이다. 우리는 이 새로운 국가를 '시민국가'로 명명한다. 국제적 수준에서 평화 공존과 공동 번영을 추구하는 공화주의적 외교정책은 시민국가들을 통해 실현 가능성이 높아질 수밖에 없다. 시민국가들이 국경을 가로질러 연대성을 확대해 갈 때 우리는 비지배 자유에서 한 차원 더 높은 비지배 평화를 경험할 것으로 기대한다.

비지배 자유에 기초한 평화공존과 공동번영을 규범적, 규제적 이상으로 설정하는 새 공화주의적 시각에서 한반도 평화의 길을 모색하는 이 책에는 네 편의 글이 실려 있다. (1) "공화주의와 제6공화국"은 제6공화국이 공화주의 없는 공화국이었음에 주목한다. 우애가 상실된 국가는 어떻게 폭력을 내재화하게 되는 지를 3중의 분단체제 속에서 설명하고 정당정치의 몰락을 대신한 광장정치를 시민정치로 발전시킬 수 있는 가능성에서 제7공화국을 모색한다. (2) "신공화주의적 평화의 길"은 비지배 자유를 비지배 평화, 비지배 한반도로 번역하려는 이론적 사유실험이다. (3) "탄핵 정국과 외교 정책"은 탄핵 정국에서 다양한 행위자의 외교 정책을 반성하며 '시민 의회'의 한 형태인 '한반도 미래 공론화위원회'가 설정해야 하는 의제들을 제시한다. (4) "공화주의적 시민국가론을 위한 시론"에서는 글로벌 공화주의가 가능한 방안으로 대국주의 대신 소국주의를 제안한다. 시민국가의 핵심에는 지역(local)의 주권회복과 연방제가 있음을 강조하고 로컬이 만드는 국제질서에 주목한다. 특히 군사주의와 적대주의로부터 벗어나기 힘든 동북아와 반둥정신을 내재한 동남아간의 연대를 모색한다. 시민국가론에 기초하여 한반도가 포함된 아시아에서 공화주의적 질서를 만들려는 시도다.

2025년 6월 10일

이기호 · 구갑우

차례

04 공화주의적 시민국가론을 위한 시론

지역 주권-연방제와 아시아 공화권

이기호 한신대학교

01

공화주의와 제6공화국

제7공화국을 위한 시론

이기호 한신대학교

서론

제6공화국은 대한민국 헌정사상 37년의 역사를 가지고 있는 가장 오래된 공화국이다. 또한 민주화 투쟁의 결과로 탄생되었다는 점에서 최초의 '아래로부터의 공화국'이기도 하다. 반면에 제1공화국에서 제5공화국에 이르는 대한민국은 모두 '위로부터의 공화국'이다. 공화주의의 반대말을 고르라면 전제주의(autocracy)가 해당될 것인데, 제1공화국에서 제5공화국에 이르는 정치 과정은 실질적으로는 특정 권력 집단이 정치를 독점하는 전제주의 혹은 그에 준하는 정치 과정으로 일관되어 왔다.

반면에 제6공화국은 대통령이 8번이나 바뀌고 정권 교체가 4번이나 이루어졌으며 복수의 정당이 상호 경쟁하는 뚜렷한 민주주의의 제도를 가지고 있다. 더욱이 절차에 의하여 대통령을 탄핵할 만큼 민주주의 제도는 정착되었다고 할 수 있다. 그러나 정권을 차지하는 데에 정당이 지나치게 집중하면서 대통령에게 과도한 권력이 집중되고 의회 정치 혹은 정당 정치는 제대로 작동하지 않는 역설적 상황을 마주하고 있다. 오히려 민주주의가 제도화되었음에도 불구하고 전제주의적인 속성들이 계승되고 있다.

이 글은 공화국의 의미를 대한민국의 맥락에서 재고찰하고, 제6공화국이 경험하고 있는 민주주의의 퇴행을 정치의 몰락으로 이해하면서 공화주의의 관점에서 시민 정치를 재해석하는 것을 목적으로 하고 있다. 제6공화국이라는 매우 긴 기간을 세밀하게 분석하는 것은 본 논문의 범위를 벗어나는 일이다. 다만 4번의 정권 교체에도 불구하고 일관되게 나타난 정치가 퇴행하게 된 원인이 무엇이고 제6공화국이 지니고 있는 전제주의적 성격과 공화주의 가능성을 모색하기 위해서는 제6공화국을 통전적으로 성찰하는 것이 필요하다. 제도와 숫자로 나타나는 계량 가능한 방법론보다는 전체를 관철하는 흐름에 주목하고 공화주의의 원칙과 한국 정치의 맥락을 성찰하는 방식으로 접근하고자 한다.

먼저 공화주의가 왜 다시 조명을 받기 시작했는지 한국

적 맥락에서 살펴보고자 한다. 민주주의만으로는 민주화를 진전시킬 수 없는 신자유주의와 권력 우선주의에서 공화주의의 가치와 정의에 대하여 다시 성찰해 보고자 한다.

둘째, 한국의 공화주의 전통을 새로운 국가에 대한 절실함이 가장 강렬했던 19세기 말 20세기 초 역사적 전환기에서 찾아보고자 한다. 특히 개벽사상에 근거한 동학혁명운동과 개화사상에 근거한 독립협회운동은 조선 혹은 대한제국의 체제 변화를 주도한 대표적인 정치 운동이라고 볼 수 있다. 비록 실패했지만 이들의 사상적 전통이 한국의 공화주의 전통에 근원을 이루고 있다는 점에서 두 사상을 비교해 보고자 한다. 나아가 개벽사상과 개화사상에 근거한 공화주의 흐름이 임시정부는 물론 제헌 헌법에 어떠한 영향을 주었는지에 대하여 살펴보고자 한다.

셋째, 제6공화국의 특성과 한계를 앞서 공화주의의 관점에서 해석해 보고자 한다. 민주주의가 제도화되었음에도 정치가 제대로 기능하지 못할 뿐 아니라 시민 사회의 운동성도 크게 약화된 이유를 정당 정치와 운동 정치라는 관점에서 분석함으로써 제6공화국의 한계를 지적하고자 한다. 정당 정치와 운동 정치는 서로 긴장 관계에 있으며 대립하기도 하지만 때로는 타협하고 협력하는 공생 관계에 있다. 본 글에서는 제6공화국의 탄생에 기여한 운동 정치에는 제도권과 제도 밖을 매개하면서 시대적 성찰을 할 수 있었던 영역으로서 '재야'에 주목하고 있다. 본 글에서는 깊이 다루고 있지 못하지만 '재야'의 정치가 공화주의의 가능성을 담고 있으며 시민 사회가 구조적으로 전환하게 된 원인에는 재야의 부재가 큰 영향을 주었을 것이라는 가설 속에서 제6공화국을 분석하고 있다.

공화주의를 재활성화하고 본래의 정치를 복원하는 것은 우리가 경험하고 있는 적대감에 기초한 마음의 분단과 경제적 양극화 그리고 불안정한 민주주의를 본래의 궤도로 정상화시키는 데 결정적으로 중요하다고 생각한다. 본 글은 지난 3세기에 걸쳐 논쟁이 되고 있는 새로운 공동체 곧 국가 체제와 그 바탕이 되었던 우리 맥락의 공화주의를 재성찰함으로써 1987년 체제의 한계를 극복하고 유효성이 다해 가는 제6공화국의 새로운 전환을 위한 성찰의 근거를 제시하는 데 도움이 되고자 하는 의도로 작성되었다.

공화주의에 대한 재성찰: 민주주의 구출하기

민주주의는 제도화되었지만 정치는 제대로 역할을 수행하지 못하고 있다. 제도의 공정성은 능력과 경쟁을 정당화하여 사회를 양극화시켰고 갈등을 조정하는 지혜를 만들어 내지 못했다. 또한 신자유주의의 거대한 물결 앞에 불안정한 민주주의는 약자들을 보호하기에는 역부족이었다. 게다가 건강한 사회적 토론이 사라지면서 우리 안에 내면화된 반공주의와 민족주의는 언제든지 대중들을 심리적으로 또는 물리적으로 동원해 냈다. 책임 있는 정치, 소통하는 정치가 사라졌기 때문이다. 이러한 현실에 대한 우려와 반성에서 공화주의에 대한 새로운 관심이 시작되었다(곽준혁, 2008; 김경희, 2022; 장은주, 2023).

공화주의에 대하여 학계가 주목하기 시작한 시점은 1990년대 후반부터라고 할 수 있다. 1997년 창간된 인문사회 비평지로 시작한 『당대비평』은 그해 외환위기를 겪으며 제2호에서 '새로운 공화국을 꿈꾸며'라는 특집 논문을 편성하였다. 국가의 정체성과 사회 통합 그리고 통일에 이르는 여섯 가지 주제를 포괄적으로 다루며 당시 10년의 역사를 지니고 외환위기를 맞이한 6공화국을 넘어서기 위한 담론을 제시한 것이다. 한편, 한국 · 동양정치사상사학회는 2015년에 동계 학술대회에서 '한국 근대 공화주의와 리더십'이라는 주제로 김규식, 신익희, 이승만, 유길준, 서재필, 안창호 등의 공화주의사상과 개별 리더십을 기획하기도 하였다(한국 · 동양정치사상사학회, 2015). 3 · 1운동 100주년을 맞이한 2019년에 학술지 『역사비평』은 '근대 한국의 공화 담론'을 특집으로 하여 조선시대-3·1운동-미군정-이승만 정권-박정희 정권에 이르는 통사적 접근의 기획을 통하여 우리 안에서 공화 담론의 개념, 변형, 전유 등을 다루었다(역사비평, 2019).

2000년을 전후하여 현재에 이르기까지 공화주의 담론이 활기를 띠는 것은 현재 우리가 경험하고 있는 경제적, 이념적 양극화와 같은 실질적인 민주화를 이루어 내기 어려운 민주주의의 근본적인 문제에 기인한다. 특히 대선이 있던 2002년은 양김 시대 혹은 3김 시대가 막을 내리고 정치권의 세대교체가 이루어진 시기이다. 정대화는 한국 현대 정치사를 3단계로 나누고 양김 정권(1993~2003)의 10년을 '민주화를 위한 두 개의 과도 정권'(정대화, 2002)으로 설정하고 있다. 실제로 양김 시대 이후 첫 대통령으로 당선된 노무현은 '새 시대를 여는 맏형이 되고 싶었는데 구시대의 막내 노릇을 할 수 밖에 없다'[1]는 의미심장한 발언

---

1) 이 발언은 2003년 11월 5일 원로 지식인 13명을 청와대로 초청한 자리에서 이루어졌다. 희망은 새 시대의 맏형이 되고 싶었지만 현실적으로는 구시대의 막내가 될 수밖에 없는 이유에 대하여 다음과 같이 발언하였다. "구태와 잘못된 관행을 깨끗하게 청산해 다음 후배들이 다시는 흙탕길을 걷지 않도록 하려고 한다."(동아일보, 2003. 11. 5)

을 하기도 하였다.

이른바 양김 혹은 3김이라 불렸던 이들 정치의 특징은 격동의 한국 정치 속에서 고난의 과정을 겪으며 정치적 카리스마를 형성하면서 이루어 낸 정치적 권위와 그 과정에서 결속된 정치적 조직을 가지고 있었다. 반면에 노무현에서 현재의 윤석열 정부에 이르기까지 모든 대통령은 그만한 정치적 권위를 가지고 있지 못하였을 뿐 아니라 대부분 재임 중에 그 권위가 오히려 도전받았다. 강력한 대통령 중심제에서 '대통령의 권위'가 실종되면서 그 공백을 정당 정치가 채워 주지 못하는 가운데 정치가 실종되고 민주주의는 불안정해졌다.

이에 대하여 정상호는 대한민국은 공화주의 없는 공화국이 되었다고 평가하고 공화의 개념을 '민주화'하고 동시에 '정치화'해야 할 것을 제안하고 있다. 그가 언급하는 민주화는 공화 개념을 대중화함으로써 시민적 덕성을 육성하는 것이고 정치화는 다양한 집단들이 정치 세력화를 이루어 시민 권력의 강화를 만들어 내는 것이다(정상호, 2013). 이런 맥락에서 그는 최근 한국 정치에서 보수와 중도의 새로운 이념적 좌표로서 공화주의가 등장하고 있음에 주목하고 이를 분석하고 있다. 대체로 이들은 새누리당의 유승민 의원을 중심으로 양극화와 불평등 불공정의 대한민국을 치유할 철학으로 공화주의를 제시하였고, 여기에 김무성 · 안철수 · 정진석 의원 등이 호응하면서 공화주의를 공통분모로 하는 보수 대통합의 필요성을 강조한 점을 들었다(정상호, 2024).

또한 학계에서는 한국 정치의 폐쇄적인 좌우 이념과 이분법적 대립을 공화주의에서 찾으려는 '21세기 공화주의 클럽'이 왕성하게 활동을 하고 있다. 이 클럽의 주요 학자인 채진원은 공화주의와 경쟁하는 적들로 경제적 양극화, 정치적 양극화, 좌우파적 포퓰리즘, 정치의 사법화, 정당정치와 법치주의의 충돌 등이 대표적이며 이로 인한 극단적 대립과 분열로부터 벗어나기 위하여 공화주의에 기반한 정치가 필요하다고 주장한다. 그러기 위해서는 극단의 좌우 진영 논리를 넘어 중산층과 중도층을 강화하는 것이 필요하다는 입장[2]이다(채진원, 2019).

반면에 공화주의의 핵심 가치인 시민적 덕성(civic virtue)에 기초한 아리스토텔레스의 공동체주의는 현재의

---

2) 정상호는 정치권의 보수 대통합을 위한 원리로서 공화주의와 학계에서 주장하는 중산층과 중도층을 강화하는 중도주의로서 공화주의를 현실에 대한 구체적인 처방을 내놓으려고 한다는 점에서 '처방적 공화주의(prescriptive republilcanism)'라고 명명한다(정상호 2024).

다양한 차이를 인정하는 다원주의와 양립하기가 쉽지 않기 때문에 이를 비판하고 비지배 자유(nondomination)의 원리에 기초한 신로마(Neo-Roman) 공화주의에 주목한다(곽준혁, 2008; 정태창, 2013).

그러나 시민적 덕성과 비지배 자유의 개념이 대치되는 개념은 아니다. 모리치오 비롤리(Maurizio Viroli)는 '자유로운 인민은 복종(obedience)은 하지만 예종(servitude)하지 않으며 지도자는 두지만 주인은 두지 않는다'라는 루소의 말을 인용하면서 자유로운 인간은 오직 법에만 복종하며 따라서 자유가 상실되었다는 것은 특권이 존재하는 상태가 되었다는 것을 의미(비롤리, 2012, pp. 44~45)하는 것임을 강조하였다. 마키아벨리의 전통을 잇고 있는 비롤리의 복종 개념은 비지배 자유를 오히려 잘 드러낸다고 할 수 있다.

대한민국 공화주의의 역사적 배경: 개벽사상과 개화사상

제헌 헌법부터 6공화국 헌법에 이르기까지 대한민국 헌법의 기본 가치와 골격은 임시정부의 헌장 및 선언들을 바탕으로 하고 있다. 어떤 나라를 만들 것인가에 대한 철학과 논쟁이 나라를 빼앗겼던 일제 강점기에 더 활발하게 논의되었다는 점은 다소 역설적이다. 대한민국 정부 수립이 분단 체제를 배경으로 사상적 제재가 있었던 반면에 비록 '임시'이지만 이 기간은 새로운 국가 비전을 자유롭게 논의할 수 있었던 시기라는 점에서 주목할 만하다. 그만큼 국운이 쇠할 수밖에 없었던 조선 말기에 대한 시대적 반성과 함께 새로운 상상력과 기대가 반영되어 있었다고 볼 수 있다.

이러한 임시정부의 사상에 영향을 미쳤던 주요한 사상사적 배경에는 두 가지 흐름이 자리하고 있다. 하나는 대동주의를 이상으로 한 개벽사상으로서의 동학운동이고, 다른 하나는 개화기에 입헌군주제를 근간으로 하는 개화사상으로서의 독립협회운동이다. 전자가 각 지역에 집강소를 설치하고 농민들이 중심이 된 아래로부터의 민중운동의 성격에서 시작되었다면 후자는 해외파 지식인들이 중심이 되어 중앙에서 실험한 지식인운동의 성격을 가지고 있었다. 비슷한 시기에 뚜렷하게 대비되는 두 운동의 흐름은 이후 우리 사회의 공화주의 전통의 근원을 이루고 있다고 볼 수 있다. 특히 두 운동에 주목하는 이유는 오늘의 시점에서 대한민국이라는 공화국을 비판적으로 성찰할 수 있는 근거를 제시하기 때문이다.

개벽사상은 근본적으로 혁명적 사상이다. 그러나 체제 전복이나 권력을 획득하려 하기보다는 사람의 변화를 통해서 근본적으로 다른 삶의 양식과 새로운 인간관계의 공동체를 지향했다[3]는 점에 주목할 필요가 있다. 창시자 수운 최제우는 신분제를 없애고 대동 사회를 꿈꾸며 '다시개벽'의 사상(허수, 2021)을 동학운동의 기본 정신으로 삼았다. '다시개벽'의 의미는 서구의 자연법과 유사하여 인간은 본래 평등한 존재였다는 원형적 사실에 근거하고 있다. 그 의미는 선천개벽이 이미 존재했듯이, 다가오는 후천개벽 또한 가능한 미래라는 사실을 강조함으로써 실천의 중요성을 설득하고 있다. 따라서 개벽사상은 동학농민운동

---

3) 박맹수는 동학에 대한 흔한 오해를 다음과 같이 세 가지로 설명하였다. 첫째, 동학이 서학(西學)에 대항하기 위한 대항 이데올로기라는 오해, 둘째, 기존의 유불선(儒佛仙) 등 삼교사상에서 장점만을 따왔을 뿐 동학 자체로는 독창적인 요소가 없다는 사이비 사상이라는 오해, 셋째, 동학을 서양식의 종교(religion)로 받아들이려는 잘못된 견해가 그것이다(박맹수, 2014). 특히 동학은 서양에서 이야기하는 종교들과 달리 윤리와 가치관에 가까운 인간의 도리 곧 하나의 도(道)이며, 단지 믿음에서 그치지 않고 깨닫고 실천하는 것이므로 동학을 '믿는다'가 아니라 동학을 '한다'로 이해할 필요가 있다는 것이다. 뿐만 아니라 끊임없이 배우고 성찰해 가는 하나의 학문이기도 하다는 점에서 동학은 사상이고 철학이며 삶 속에서 이루어지는 교리(discipline)로 보는 것이 더 옳다고 생각한다.

이라는 현실 정치 세계와 동학이라는 종교운동의 복합적 성격을 갖고 있다.

동학사상이 근본적으로 공화주의사상의 배경이 되었다는 근거로 천도교에서는 근대적 개인으로서 주체적 인격[4]을 강조하였고 주체적 인격은 개체성뿐만 아니라 시천주(侍天主)의 교리에 의하여 하늘의 뜻과 조율되어야 한다(오문환, 2007)는 의미로 해석한다. 이는 데카르트적 개인이 아니라 루소적 개인 곧 개체성 안에 이미 보편성(general will)을 포함하고 있다고 보는 것이다.

손병희는 정치 체제가 공화(共和), 입헌(立憲), 전제(專制) 등의 세 가지가 있다고 보았다. 이 가운데 공화가 좋은 것이기는 하나 제대로 하지 못하면 어지러운 것이 되기 쉬우므로 이기적인 원칙이 서지 않고 공적인 원칙 곧 하늘의 뜻을 실현하려면 민심을 화(和)하고 민권을 신장하는 정책이 필요하며 이는 도덕에 기초한다고 하였다(허남진, 2020). 곧 개벽사상의 정치는 주체적이고 자주적인 인간

---

4) 천도교에서는 사람이 하늘이기에 자기 마음에 정성을 드리며(自心自誠), 자기 마음을 공경하고(自心自敬), 자기 마음을 믿고(自心自信), 자기 마음을 법으로 삼는(自心自法) 것이 인간의 길이라고 강조한다(오문환, 2007, 34쪽).

이 되기 위하여 정진하며 인내천이라는 하늘의 뜻 곧 공공성을 실천하기 위하여 화합하고 대동하는 의미에서 우리 맥락의 공화주의 전통을 형성한다고 할 수 있다.

개벽사상의 혁명적 접근과는 달리, 독립협회(1896)의 개화사상은 입헌군주제 등 온건한 방향에서 공화주의를 모색했다. 동학의 참가자들이 주로 농촌에 뿌리를 둔 풀뿌리 활동가라는 성격을 갖는다면 독립협회의 주요 활동가들은 일본과 미국 등에 유학 및 유람을 다녀온 신문명을 수용한 개화파 지식인[5]으로 구성되었다. 독립협회는 『독립신문』을 발간하고 종로 한복판에서 만민공동회를 여는 등 시민운동의 성격을 가지고 있었다. 비록 독립협회가 군주제를 인정하여 군민공치를 주장(정상호, 2012)하였으나 만민공동회는 민회를 통해 공론을 형성하고 이를 국정에 반영하고자 했다는 점에서 전통적인 집단 상소나 민란과 구별되는 완전히 새로운 형태의 정치운동이었다(서희경, 2013). 곧 조선 정치의 기본 원리에 근본적인 문제를 제기한 사건으로 평가할 수 있다.

---

5) 대표적인 인물들로는 서재필(1864~1951), 이상재(1850~1927), 윤치호(1865~1945) 등이 중심이 되었으며 정부 고위 관료들 가운데에는 박정양(1842~1905), 안경수(1853~1900) 등도 동참하였다.

독립협회는 보부상들이 중심이 되어 고종에게 충성을 하자는 명분으로 구성된 황국협회 등의 탄압으로 불과 2년 뒤인 1898년에 해산되었지만 그 정신과 활동은 계승되었다. 예컨대 월남 이상재는 기독교청년회 활동 곧 YMCA운동을 전개하면서 청년들에게 당대의 시대를 읽을 수 있는 안목을 키우고 실력을 배양할 수 있는 교육에 전념하면서 청년운동을 조직[6]하였다. 곧 지식인 중심의 개화파운동을 풀뿌리 조직운동으로 전환함으로써 인민 주권의 사상에 기반한 주권운동의 가능성을 열었다는 점과 민회라는 상호주의 대화 방식에 의하여 공동의 목표를 조율해 가고자 했다는 점에서 공화주의의 배경을 이루는 원칙을 제시했다고 할 수 있다.

개벽사상과 개화사상은 인민 주권과 개인의 덕성을 키워 가면서 새로운 국가를 지향했다는 점에서 유사할 뿐만 아니라 3 · 1운동을 기점으로 운동적 차원에서도 서로 연

6) 이신행은 이상재의 활동에 대하여 첫째, 개화파-독립협회-3·1운동-신간회로 이어지는 개화기 커다란 민족적 운동의 흐름을 이어 갔다는 점과, 둘째, 당시에 필요했던 조직력과 운동 역량을 모두 갖추고자 했던 의미에서 시대적 요구에 부합했으며, 셋째, 민운동(民運動)이 왜 필요한가를 정확히 이해하고 만민공동회 및 기독교청년운동을 전개했다는 점에서 높게 평가하고 있다(이신행, 2006).

대하는 흐름을 만들었다는 점에서 공화적 운동성을 가지고 있었다고 이해할 수 있다. 동학농민운동이 1894년 진압되었고, 독립협회 역시 1898년 해산되었지만 두 운동의 사상적 흐름은 이어졌고 오히려 서로 연대할 수 있는 계기를 마련하였다.

이 중심에는 동학운동의 지도자였던 의암 손병희와 개화파 지식인들이 있었다. 관군의 진압에도 불구하고 동학운동을 빠른 시일에 재건하는 탁월한 능력을 보여 주며 1897년 최시형 교주의 뒤를 이어 3대 교주가 된 손병희는 개화파 인물들과 교류하며 동학운동을 근대화운동과 접목시켰다(조규태, 2022). 특히 1901년 일본으로 망명한 뒤 개화파 중심인물인 박영효 등과 교류하면서 개화사상[7]을 적극 받아들였다(성지윤, 2021). 개화파의 민권사상과 개벽파의 민본주의가 서로의 공감대를 마련했다고 볼 수 있

7) 손병희는 동학농민운동을 재건하는 과정에서 평안도 등 서북 지역에서 활동을 하면서 선교사들을 통해 미국 문명에 관하여 알게 되었고(조규태, 2022), 이 시기에 이미 개화파들과 교류를 하였다. 일본에서의 망명은 박영효를 비롯한 오세창, 권동진, 조희연 등 전직 개화파 관료들과도 교류하면서 『준비시대』와 같은 새로운 국가를 구상하기 위한 저술 활동과 일본의 근대화 과정을 체험하면서(성지윤, 2021) 동학운동과 근대화운동을 접목시키는 계기를 형성한 것으로 보인다.

다. 손병희의 귀국 후 활동은 월남 이상재의 청년교육운동과 유사한 점을 보이고 있다. 교육을 통해 근대적 시민을 육성함으로써 국가를 책임질 수 있는 국민을 만들어 가야 비로소 국가를 튼튼하게 할 수 있다는 생각을 공유하고 있다. 3 · 1운동과 이후 임시정부 활동은 위와 같은 개벽사상과 개화사상의 만남과 인적 교류를 통하여 보다 큰 공공성을 담보할 수 있는 새로운 국가를 향한 공화주의적 연대를 이루고자 했던 열망에 기초하여 서로 협력하고 논쟁할 수 있었던 것으로 보인다.

먼저, 동학운동의 경우는 다음과 같은 특징을 갖고 있다고 평가할 수 있다. 1) 단순히 개혁이 아니라 개벽이라는 근본적인 사회 구조의 틀을 혁명적으로 변화시키고자 했다는 점에서 농민들의 사회적 의식(social consciouness)을 전환하는 계몽운동이자 농민 혁명의 성격을 가지고 있었다. 2) 신분제를 타파하고 모두가 평등하게 인간의 존엄성을 누릴 수 있다는 자각에 기초하여 자기 정체성(self-identity)과 사회적 정체성(social identity)을 찾아가는 정체성운동이기도 하다. 3) 시천주(侍天主)라는 종교적 운동이 포함되어 있다는 점에서 동학운동은 개인과 공동체를 조화시키고 한울님 곧 자연의 섭리를 겸손하게 따르는 생명사상이 내포된 종교운동(영성운동)의 성격을 가지고 있었다. 4) 개인들에게 철학과 신념에 기초하여 행동하는 공동체 지향의 덕성(community virtue)을 강조했다는 점에서 서구의 계몽주의, 개인주의, 자기 정체성운동들과는 차이가 있다. 5) 풀뿌리운동의 성격을 갖는 동학운동은 집강소를 중심으로 한 지역의 자율성과 독립성을 강조하면서 지방 분권의 가치를 추구했다. 6) 민주주의의 사이즈 곧 규모의 정치와 연대(solidarity)의 정치를 포괄하고 있다는 점에서 국가 단위 혹은 중앙 중심의 정치 한계를 해결하는 데 중요한 실마리를 제공해 주고 있다.

독립협회의 경우, 1) 서구 중심의 자유민권사상과 민권이라는 개념을 바탕으로 한 공화주의의 철학과 원리를 국내에 소개하고 전파하는 데 기여하였으며 군주제를 부정하기보다는 군민공치에 의한 입헌민주제를 지향하는 개혁적 성격을 가지고 있었다. 2) 갑신정변과 달리 독립협회의 위상은 정권 획득을 목적으로 하지 않았지만 정치 개혁을 목적으로 했다는 점에서 지식인 중심의 준정당 조직의 위상을 가지고 있었다. 3) 실질적으로 군주제 상황에서도 만민공동회와 같은 민회운동은 인민들에 의한 '시민 정치'를 본격적으로 전개한 새로운 시도였다고 평가할 수 있다. 4) 『독립신문』은 최초의 민간인들 간의 공식적인 의사소통을 할 수 있는 정보 공유의 미디어를 구축하였다. 최초의 근대적 신문인 『한성순보』(1883년)가 관보이고 한자로 인쇄되었던 것과 달리 『독립신문』은 당시의 시대적 상황을 어려운 한자가 아닌 한글로 인쇄하여 공유함으로써 여론 형성에 기여하고 국제 질서와 근대 문명을 소개하는 등 계몽운동에 앞장설 수 있는 미디어 운동을 최초로 전개하였다. 5) 만민공동회는 당시 신분제 속에서 상명하달에 익숙한 일반 시민들이 스스로 발언함으로써 민주주의를 체험하게 하고 참여형 정치 문화를 소개하고 확산했다는 점에서 광장 문화를 열었다고 할 수 있다. 장소는 종로에서 열렸는데, 오늘날 광화문 정치와 유사하고 그리스 시대의 아고라 광장과 유사하다고 할 수 있다. 이상의 내용을 〈표 1〉로 정리해 보기로 한다.

이 두 가지 전통은 공화주의 전통이라는 맥락에서는 매우 유사함을 보이고 있다. 그러나 동학이 아래로부터의 운동이고 농민들 곧 민중중심이었으며 각 지방에 집강소 등을 설치하면서 움직인 로컬형 전국 조직이었다면 독립협회는 옆으로부터의 운동이며 지식인 중심이었고 지방보다는 서울을 주요 무대로 움직였다는 점에서 대비된다. 또한 시민정치의 맥락에서도 동학이 풀뿌리 지역운동과 연결되는 점이 많다면 독립협회는 정책 중심의 이슈운동(중앙의 시민단체운동)과 이어지는 것으로 이해할 수도 있다.

〈표 1〉 개벽사상과 개화사상의 비교 및 현대적 의의

구분	개벽사상	개화사상	현재적 의미
사상	인내천, 후천개벽	자유민권사상	신민이라는 신분제/계급제에 얽매이지 않고 주체적 존재로 인식(인권/민권)
운동 조직	동학	독립협회	개벽: 자발적 자율적인 공동체 결성 및 운영 개화: 재야 혹은 시민 정치, 광장 정치
방식	아래로부터의 민중운동, 신분제 타파를 위한 혁명, 인권에 기초한 정체성운동, 집강소 설치를 통한 자치분권운동	옆으로부터의 지식인 운동, 군민공치의 개혁운동, 민권사상에 기초한 계몽운동, 독립신문/민회를 통한 계몽운동	개벽: 풀뿌리 주민 자치 지역 분권과 연대 개화: 의식화(계몽) 교육 및 토론/대화 운동
성격	운동과 신앙을 통한 종교(신념화/신앙화)	교육과 토론을 통한 시민 교육(의식화)	비지배의 자유와 공공성(대공)에 복종
주체	농민	지식인	개인의 정체성 회복과 공동체 덕목
범위	전국 지역	중앙	중앙에서의 여론 형성과 지방에서 조직운동
공화 주의적 성격	예속되지 않는 주체성과 시천주라는 공공성 생명 존중의 보편성	사회적 의제에 대하여 자유로운 토론 문화: 공공성 인민의 자각: 주체성	시민적 덕성(교양)의 함양과 시대 정신

물론 직접적으로 연결되는 역사적 연결 고리를 가지고 있지 않다 하더라도 각각 운동이 지녔던 시대적 특징과 한계는 오늘의 운동에도 큰 시사점을 줄 뿐 아니라 공화주의 전통을 한국적 맥락에서 다시 구성하는 데에도 큰 도움을 줄 것으로 기대한다.

제헌 헌법에 나타난 민주공화국과 국가 폭력의 모순성

제헌 헌법에 나타난 '민주공화국'의 특징

1948년 헌법은 1919년 임시정부의 헌장 혹은 선언들을 배경으로 하고 있다. 헌법 제1조 '대만민국은 민주공화국이다'는 1919년 임시헌장 제1조의 민주공화제를 그대로 계승하였다. '민주공화국(제)'에 대한 광범위한 합의와 자연스러운 계승은 1948년 이후에 이루어진 것이 아니라 1919년 3 · 1운동과 임시정부 수립 및 활동 과정에서 이미 이루어진 것(서희경, 2006)이다. 제헌 헌법에 나타난 민주공화국의 특징을 역사적 배경에서 찾는 이유이기도 하다. 나아가 3 · 1운동은 제국주의와 민중에 대한 핍박의 모순들이 대한제국 시기와 일제 강점기로 이어지면서 축적되어 분출된 운동이었으며 수탈적이며 강압적인 제국주의에 항거하고 무능한 대한제국을 사실상 종결짓는 성격을 가지고 있었다. 특히 기미독립선언서를 통하여 민족의 자주성과 동시에 인류의 행복과 동양 평화 및 세계 평화에 필요한 가치를 지향할 것을 명시함으로써 민족주의와 공화주의의 성격을 뚜렷하게 드러냈다.

같은 해 4월 11일 상해에서 임시정부가 결성되면서[8] 발표한 '대한민국임시헌장'에서는 '대한민국은 민주공화제로 한다'고 명시하였다. 뿐만 아니라 1931년의 「대한민국 임시정부선언」에 이어 1941년 「대한민국 건국강령」[9] 등을 통하여 대한민국의 국체를 민주공화국으로 제안하고 있다. 특히 대한민국 건국강령은 1948년 제헌 헌법에

---

8) 서희경은 임시정부를 3·1운동의 정치적 '산물'이자 동시에 3·1운동의 정치적 '해석자'로 본다. 해석은 정치적 경험을 '해프닝'이 아니라 '의미(idea)'로 전환시킨다. 그에 의해 '사건'은 '역사'가되고 주체의 삶속에서 '원리'로 성장하게 된 것(서희경, 2006)으로 설명한다. 3·1운동이라는 사건이 임시정부에 의하여 역사가 되고 다시 임시정부의 헌장을 통하여 공동체의 원리로 자리하게 되었다는 의미이다.

9) 실제로 건국강령은 이후 대한민국 제헌 헌법의 토대를 이루는 과도기 헌법의 위상을 갖는데 크게 총강(總綱, 7개조), 복국(復國, 10개조), 건국(建國, 7개조) 등 세 부분으로 나뉘어져 있으며 총 24개로 구성되어 있다.

기초가 되었는데 그 강령은 조소앙(1887~1958)[10]의 삼균주의 정신을 그대로 반영하고 있다(송석윤, 2020).

> 제2조. 우리나라의 건국 정신은 삼균 제도[11]에 역사적 근거를 두었으니, 선민의 명명한 바 '수미균평위(首尾均平位)'하면 '흥방보태평(興邦保泰平)'[12]이라 하였다. 이는 사회 각층의 지력과 권력과 부력의 가짐을 고르게 하여 국가를 진흥하며 태평을 보전, 유지하려 함이니 홍익인간과 이화세계하자는 우리 민족의 지킬 바 최고의 공리임.(대한민국 건국강령, 제1장 총강)

위의 총강 제2조에서 알 수 있듯이 우리의 공화주의 전통은 평등주의에 기초하고 있다. 특히 삼균주의 전통은 제헌 헌법에도 그대로 반영되어 헌법 제5조에는 '대한민국은

---

10) 조소앙의 소앙은 호이고 이름은 용은이다. 그러나 일반적으로 조소앙으로 더 알려져 있으며 일반적으로 조소앙이라고 쓰고 있으므로 여기서도 조소앙은 호로 구분하지 않고 조소앙으로 칭하기로 한다.

11) 조소앙의 삼균주의는 정치 균등(均權), 경제 균등(均富), 교육 균등(均學)이다.

12) 한자성어의 뜻은 '머리와 꼬리가 고르고 평평하게 자리하여야 나라가 흥하고 태평함을 보전할 수 있다'라는 의미이다.

정치, 경제, 사회, 문화의 모든 영역에 있어서 각인의 자유, 평등과 창의를 존중하고 보장하며 공공복리의 향상을 위하여 이를 보호하고 조정하는 의무를 가진다'라고 명시하고 있다. 헌법 제8조에서는 '사회적 특수계급의 제도는 일체 인정되지 아니하며 여하한 형태로도 이를 창설하지 못한다'고 명시하고 있으며 제15조에서는 '재산권의 행사는 공공복리에 적합하도록 하여야 한다'고 규정하였다.

이상의 내용을 종합해 보면 제헌 헌법은 삼균주의에 기반을 두고 있다. 그 성격은 자유주의 성격보다는 사회 민주주의 성격이 더 강하다. 그 배경에는 1)개화기 열강의 수탈과 무능했던 조선 말기의 군주제, 2)청일전쟁과 러일전쟁을 치르며 이루어진 강제 병합과 이후 중일전쟁과 태평양전쟁을 포함하는 일제 강점기, 3) 해방 후 미국과 소련에 의한 38선에 의한 분단과 군정 시기를 경험했던 고난의 역사를 반영하고 시대적 요구를 성찰했기 때문일 것이다. 이러한 외부 환경의 변화와 여기에 대응해 왔던 동학운동과 독립협회운동 그리고 임시정부 등을 포함하는 일련의 과정이 제헌 헌법의 성격을 규정하게 되었지만 역설적으로 1945년 해방 정국에서 이루어진 분단 체제의 서막은 헌법의 의미를 왜소화하게 만들거나 헌법의 취지와 성격에서 역사성이 불완전해지는 경향을 갖게 되었다.

'민주공화국'의 모순과 국가 폭력의 내재화

국가의 폭력성은 공화주의의 전통이 단절되게 되는 결정적인 이유이다. 1987년 민주화 이후에도 공화주의 전통이 쉽게 부활되지 않는 것은 바로 정부 수립과정에서 만들어진 분단 체제와 이 과정에서 이식된 폭력주의가 내재화되어 있기 때문이다. 국가 폭력이란 '각종 차별과 불평등 관계를 창출 · 정당화 · 강화 · 변명하기 위해 시도하며, 국가가 묵인하거나 주도하는 다양한 형태의 폭력'(Nagengast, 1994, p. 114: 홍성흡, 2007, 7쪽에서 재인용)을 의미한다.

1948년의 정부 수립은 미국과 소련의 대립으로 인한 냉전 체제가 한반도에 이식되는 외부적 요인이었다면 남과 북의 정부 수립은 내부적 권력 투쟁이었다. 특히 국내 권력 투쟁은 토론과 대화를 통한 방향성을 만들어 가는 건전한 투쟁이 아니라 테러를 동원한 투쟁으로 얼룩졌다. 해방 정국에서는 민족 지도자들 가운데 상당수[13)]가 암살당하

13) 해방 후 최초의 테러는 평남인민위원회 부위원장(위원장은 조만식)을 맡았던 현준혁이 1945년 9월 3일 기차에서 테러를 당하였다. 합리적인 공산주의자로 알려져 우파 진영에서도 환영을 받던 인물이다. 같은 해 12월 31일 한국민주당을 이끌던 우파 지도자 송진우가 자택에서 암살당하였다. 1947년 7월 19일에는 건국준비위원회 위원장으로 좌우합작운동을 전개해 왔던 여운형이 서울 혜화동에서 암살당

였다. 특히 좌우 각 진영의 대표적인 인물들이 암살당하는 가운데 경쟁과 토론이 생략되면서 한반도는 빠르게 분단 정부 수립의 과정으로 들어갔다. 사라진 토론의 자리에는 국가의 비전보다 냉전 체제의 이념이 이식되었다.

분단 정부 수립 과정은 정치인 암살뿐 아니라 1946년 대구 10월 항쟁과 1948년 제주 4·3항쟁과 같이 민란의 발생과 국가에 의한 민간인 학살의 비극을 포함한다. 정부 수립 이전인 해방 정국에서 이루어진 두 민간인 학살 사건은 국가 권력이 폭력을 동원하여 대중들을 권력의 목표에 순응하도록 통제하는 과정(이성우, 2011)이다. 해방 정국 속에서 탄생한 대한민국은 이미 집단 학살의 경험과 기억을 민중들에게 각인시키며 남한만의 단독 정부 구성이라는 자발적 분단 체제를 구성하고 있다. 제헌 헌법이 오랜 논의를 거쳐 민주공화제를 선언한 임시정부의 법통을 계승하고 있지만 이미 '민주공화국'의 가치가 현실 정치에서는 실질적 의미를 상실하고 무늬만 남은 셈이다. 벤야민의 언급처럼 '법은 폭력의 산물이며 폭력의 뒷받침을 전제하

하였다. 임시정부 국무위원회 주석을 지낸 김구는 통일 정부 수립을 위해 남북 협상을 진행했으나 1949년 6월 26일 경교장에서 암살당하였다.

고서야 유지될 수 있다(벤야민, 2008: 김동춘, 2011에서 재인용)'. 권력이 법의 지배를 받기보다는 다양한 형태의 폭력을 포함한 권력 행사를 정당화 해 주는 기제로서 법이 활용되어 오는 셈이다.

1950년의 한국전쟁은 이른바 민족 통일을 명분으로 동족상잔의 비극을 일으키며 정치적 분단 체제를 적대적 분단 체제로 고착화시켰다. 국가 권력에 대한 저항과 대항은 곧 죽음이라는 공포감을 갖게 되었고 해방 정국에서 보여준 국가 폭력은 단순한 사건이 아니라 구조화된 폭력으로, 권력에 저항하는 개인들에 대한 무자비한 폭력이 국가에 의해 행해질 수 있다는 집단적 기억으로 재생산되는 효과를 만들어 냈다. 김동춘은 국가가 대내외적 적과 마주하고 있다는 상황 인식하에 이를 이데올로기 및 담론으로 구성하여 정당화하고 국가 기관을 통해 실행하는 과정으로 나타나는 것을 전쟁 정치라고 규정하였다(김동춘, 2011). 한국전쟁 후 현재까지 휴전 상태이므로 우리는 여전히 전쟁 정치에서 벗어나지 못하고 있다는 의미이기도 하다. 곧 북한은 적이기 때문에 적을 죽이는 것은 정당한 행위라는 인식은 반공주의와 빨갱이라는 낙인이 찍히면 누구나 국가 폭력의 대상이 될 수 있기 때문에 우리 사회에는 자기 검열과 의심을 습관화하여 보이지 않는 폭력을 내재화한 채 살아오고 있다.

보이는 폭력도 일상화되어 오랜 기간을 분단 정부의 성립전은 물론 이후로도 폭력은 정치권력을 유지하는 주요한 수단으로 자리 잡았다. 이승만 정부하에서는 정치 깡패가 국가 권력을 배경으로 폭력과 권력을 휘둘렀다. 군사 쿠데타로 정권을 잡은 박정희 정부는 신설한 중앙정보부 그리고 대통령의 긴급조치권 등으로 한층 더 촘촘하게 국가 폭력을 일상적이고 제도적으로 행사하였다. 민주화의 봄을 맞이한 1980년은 그해 5월에 광주항쟁이 일어났지만 또다시 공수부대가 투입되어 민간인 학살이 자행되고 전두환 군사 정부가 들어섰다. 돌이켜 보면 1945년부터 1987년 민주화까지 국가 폭력은 체제 전환기는 물론 일상 공간을 다양한 방법으로 압도하였다. 반공주의와 국가 안보 담론 등은 폭력을 정당화하는 국가 담론으로 언제나 활용되었으며 국민들에게 정치 영역에서의 침묵을 강제하는 기제로 작동[14)]하였다.

'민주공화국'은 실제로는 군사주의를 기반으로 한 반공

---

14) 한국 사회에서 '군사 독재가 물러난 뒤에도 반공주의, 보신주의가 횡행하는 것은 다 학살의 무덤 위에 한국 사회가 건설되었기 때문이다(한홍구, 2002, 104쪽).

독재 국가로 전락한 셈이고 공화국은 공화주의의 반대어인 전제주의 혹은 국가 폭력과 특권으로 무장한 권력 카르텔의 성격을 국민들에게 깊이 각인시켰다. 1987년 체제가 절차적 민주주의를 제도화시키는 데 성공했고 선거를 통한 정권 교체가 또 다른 40년 동안 4번이나 일어났지만, 국가 폭력을 정당화시켜 온 반공주의 이데올로기와 국가 안보 담론으로 인해 시민들은 일상생활에서 자기의 목소리를 자유롭게 내기 어려웠다. 여전히 국가 폭력의 문화가 작동하고 있는 셈이다. 동학과 독립협회가 보여 주었던 시민적 덕성을 통한 대동주의와 포용, 그리고 만민공동회가 보여 주었던 대화와 토론 등의 공화주의적 전통을 복원하기 어려운 이유이기도 하다.

제6공화국의 문제와 시민 사회의 구조적 전환

제6공화국 민주주의의 한계

민주화 투쟁을 통하여 쟁취한 1987년 체제[15]는 5년 단임

---

15) 우리 사회에서 체제(regime) 논쟁은 별도로 다룰 필요가 있다. 정치 체제는 일반적으로 정치 레짐(political regime)으로 번역될 수 있

의 대통령제를 선택하면서 제6공화국을 시작하였다. 1960년 4 · 19 혁명이 이듬 해 5 · 16 군사 쿠데타로 변질되고, 1980년 민주화의 봄과 5 · 18 광주항쟁이 전두환 군사 정부가 집권하면서 좌절된 것과 달리 1987년의 민주화는 민주주의의 제도를 정착시키는 결정적 계기로 작동하였다. 이를 뒷받침할 수 있는 제10차 개헌을 통해 6공화국의 헌법을 마련하고 민주주의의 토대를 구축했다는 점에서 이전의 정치 변동과는 근본적인 차이가 있다. 사회적으로는 다양한 부문운동을 통해 민중 조직들이 합법적인 조직으로 자신들의 이익을 요구할 수 있는 조직화를 이루어 냈다. 시민운동들이 활성화되었고 「비영리민간단체지원법」

지만 한국 사회에서는 더 포괄적인 의미로 사용되고 있다. 우리 맥락에서 체제를 정의하자면 권력 구조를 비롯한 제도적 정치 시스템과 이러한 시스템이 유지되는 정치 문화와 관행을 모두 포괄하는 통전적 개념이며 역사적 맥락을 포함한다고 할 수 있다. 김종엽은 현재의 시점을 1987년 체제로 이해하고 있으며(김종엽, 2010, 2017) 백낙청은 분단이후의 대한민국은 분단 체제라는 근본적인 규정을 받는 것(백낙청, 1998, 2021)으로 이해한다. 반면에 손호철은 1987년 체제를 민주화 체제로 1997년 체제를 신자유주의 체제라는 단계론적으로 접근하며 분단, 헌정, 민주주의, 노동, 정당, 사회운동 등을 각각 체제로 인식하여 부분 체제(partial regime)의 시각에서 한국 현대사를 설명하고 있다(손호철, 2009).

(2000년)과 「협동조합기본법」(2012) 등이 만들어져 민간 조직들이 법적 지위를 확장해갔다. 30여 년 만에 지방 자치가 부활하여 지역 의원과 자치단체장들이 지역 주민들에 의해서 4년 임기로 선출되어 왔다. 최저임금제(1988)가 도입되었고 금융실명제(1993)가 실시되는 등 경제 민주화에 대한 관심도 높아졌다. 1996년에는 OECD에 가입하였고 2021년에는 유엔무역개발회의(UNCTAD)에서 한국을 선진국 지위로 변경했으며 연이어 국제 사회가 한국을 선진국으로 인정했다.

그러나 제6공화국이 제도적인 측면과 양적인 측면에서 눈부신 성장을 했음에도 불구하고 정치는 퇴행하고 경제적 양극화와 세대 갈등, 이념 갈등 등으로 사회 내부에는 거대한 분단의 장벽이 올라가고 있다. 여기에는 절차적 민주화에서 멈춘 1987년 체제의 불안정한 의회 민주주의를 그 첫 번째 원인으로 지적할 수밖에 없다. 선거라는 절차만 통과하면 권력을 쟁취할 수 있는 대의 제도의 취약성은 토론하고 대화하는 문화를 정착시키지 못한 채, 비전과 정책보다는 당리당략을 우선시하면서 정당들은 공당(公黨)의 역할과 책임을 방기하였다.

정책 대안을 제시하고 사회적 토론으로 이어 가는 여론 형성 기능 및 다양한 인재를 발굴하여 정치인으로 육성하는 정당의 기능은 찾기 어려웠다. 마치 기성품을 고르듯 당선 가능성이 높은 대권 후보를 중심으로 이합집산하는 선거용 정당에 머물러 왔다. 사회적 합의와 방향성을 만들어 내는 구심점이 되기보다는 상대방의 약점을 공격하고 비하하는 네거티브 전략에 치중함으로써 서로를 적대시해 왔다. 적대의 관계는 서로를 부정하고 청산의 대상으로 삼는 과정에서 의회 정치는 심사숙고를 할 수 있는 토론의 장이 아니라 정쟁만 넘치는 대결의 장으로 전락했다. 심지어 20대 국회에서는 몸싸움으로 일관하면서 동물 국회라는 오명을 얻었다.

둘째로 IMF 구제 금융으로 시작된 신자유주의의 거센 물결과 경제적 양극화로 상징되는 1997년 체제의 한계이다. 제6공화국 헌법 119조 제2항에는 '경제의 민주화'[16]를 언급했음에도 불구하고 이를 정책으로 구체화하지 못했다. 오히려 1997년 금융 위기를 거치면서 신자유주의에 의해 지배당하는 결과(장진호, 2017)를 가져왔다. 최장집은

16) 헌법 제 119조 제 2항은 '국가는 균형있는 국민경제의 성장 및 안정과 적정한 소득의 분배를 유지하고, 시장의 지배와 경제력의 남용을 방지하며, 경제주체간의 조화를 통한 경제의 민주화를 위하여 경제에 관한 규제와 조정을 할 수 있다'라고 명시하고 있다.

이를 노동 없는 민주주의 혹은 민중 배제적 민주주의라고 지적하였다(최장집, 2005). 한국 사회의 불평등은 젊은이들에게 희망을 박탈했고 현실을 지옥에 비유하는 헬(hell) 조선론 혹은 흙수저론이 광범위하게 퍼졌다. 김태우는 이러한 상황을 정부 곧 공권력이 오히려 사익을 추구하면서 자본이 자유를 얻었고 자본의 질주가 사회적 양극화와 노동력 재생산의 위기[17]를 가지고 왔다고 진단한다. 따라서 1987년 체제의 임계점 곧 1987년 체제가 바뀌어야만 하는 체제 이행의 시점에 온 것으로 이해하기도 한다(김태우, 2016).

셋째로 제6공화국에서 과거와 달리 뚜렷하게 눈에 띄는 변화는 남북 관계의 전향적인 변화이다. 노태우 정부의 북방 정책, 김대중 정부의 남북 교류 협력 등 기존의 분단 체제를 극복하려는 움직임이 이전과는 전혀 다른 커다란 흐름으로 자리 잡았다. 그 물꼬는 민간 사회에서 먼저 터졌다. 한국기독교교회협의(NCCK)가 발표한 88선언문[18]

---

17) 재생산의 위기 가운데 노동력의 위기가 핵심인 바, 실업, 임금 노동의 비정규직화로 인한 생계의 불안, 빈곤과 자살, 저출산과 고령화의 문제 등이 악순환의 고리를 만들어 내고 있다는 점에 주목하고 있다(김태우, 2016).

18) 88선언은 제6공화국이 출범한 지 4일 뒤인 1988년 2월 29일 서울

으로 알려진 '민족의 통일과 평화에 대한 한국기독교교회 선언'을 발표한 것이다. 이 선언문은 이후 노태우 정부의 대북 정책에 커다란 영향[19]을 주었다. 게다가 문익환 목사와 임수경의 방북 등은 남과 북에 커다란 반향을 불러일으켰다. 민간 사회의 통일 이니셔티브는 「국가보안법」 등으로 많은 어려움을 겪었지만 정부와 민간 사회는 통일 정책을 놓고 경쟁하는 관계로 전환하였다.

무엇보다도 1991년 노태우 정부의 남북기본합의서[20]

종로에 위치한 연동교회에서 열린 NCCK총회에서 전격적으로 발표되었다. 특히 주목해 보아야할 것은 평화를 위해서는 분단 체제 안에서 기독교 또한 북한에 대해 증오와 적개심만을 가지고 바라보았던 것이 하나의 죄임을 고백하는 죄책 고백에서 시작되었다는 점이다.

19) 88선언문의 주역 가운데 1인이었던 오재식의 회고에 의하면 당시 이홍구 국토통일원(현재의 통일부) 장관은 국토통일원의 국장급 이상 간부를 대상으로 서광선 교수(88선언문 주연 가운데 1인)에게 88선언에 관한 강연을 요청했으며 세 시간이 넘는 강연 뒤 간부들 역시 긍정적으로 평가했다고 한다.(한겨레신문, 2013. 4.28. https://www.hani.co.kr/arti/society/schooling/584904.html)

20) 남북기본합의서의 전문에는 남북 간에는 '나라와 나라 사이의 관계가 아닌 통일을 지향하는 과정에서 잠정적으로 형성되는 특수 관계라는 것을 인정하고 평화통일을 성취하기 위한 공동의 노력을 경주할 것을 다짐'하고 있다.(통일부 남북관계관리단. https://dialogue.unikorea.go.kr/ukd/c/ca/usrtalkmanage/List.do)

는 적대적 분단 체제를 남북이 서로의 체제를 인정하고 존중하는 협력적 분단 체제로 사실상 거대한 전환을 이루어 냈다. 김대중 정부하에서는 최초의 정상회담을 평양에서 가지며 6 · 15선언을 발표하였고, 이후 노무현 대통령과 문재인 대통령의 정상회담은 국가 최고 지도자 간 교류와 협력을 통하여 휴전 협정을 종전 협정 혹은 평화 협정으로 전환하려는 움직임으로 이어졌지만 분단 체제의 장벽을 넘지 못했다. 금강산 관광의 중단(2008), 개성공단 폐쇄(2016), 남북공동연락사무소 폭파(2020) 등이 고비마다 관계를 가로막았고(장진호, 2017), 최근에는 1991년의 남북기본합의서를 사실상 파기하는 두 국가론이 등장하였다. 남북기본합의서가 민족주의 패러다임에 기초했다면 두 국가론은 국가주의 패러다임에 기초한 것(배기찬, 2023)이다. 그럼에도 불구하고 제6공화국에서의 남북 관계는 분단 체제를 충분히 흔들었고 유연할 수 있음을 확인할 수 있었다.

지금까지 언급한 제6공화국의 세 가지 한계들—1) 1987년 체제의 한계: 정치 민주화, 2) 1997년 체제의 한계: 경제 민주화, 3) 분단 체제의 한계: 남북 간 화해와 협력—은 제6공화국의 헌법 체계 및 정치 문화로는 해결하는 것이 쉬워 보이지 않는다. 먼저 1987년 체제는 역사적으로 존재해 온 서로 다른 입장과 차이를 존중하지 않고 부정하거나 적대시하는 과정에서 발생한 문제이다. 1997년 체제의 함정은 '공정'에 있다. 양극화가 심화된 현재 공정하다는 것은 출발선이 다른 현재의 차이를 인정하는 결과를 가져온다. 분단 체제는 남북의 의지도 중요하지만 주변국의 협력이 함께 이루어져야 가능하다는 점에서 복잡한 고차 방정식을 일관된 정책을 가지고 풀지 않으면 안 된다.

그러나 제6공화국에서는 이러한 조건이나 과정을 생략한 채 갑작스레 대통령 선거가 모든 이슈를 흡수하고[21] 운동 정치는 대권 정치로 치환되었다. 아래로부터의 정치를 만들어 왔던 수많은 노력들이 일거에 대통령에 의한 정치 개혁, 곧 위로부터의 개혁에 의지하는 것을 의미하였다. 이신행은 어떠한 국가 체제를 만들 것인가에 대한 사회적 토론 없이 체제와 권력이 먼저 만들어졌다는 점에서 거꾸로 된 공동체(이신행, 2006)[22]라고 비판하였다. 이러한 상

---

21) 1987년의 여름 이후 일정은 매우 숨 가쁘게 진행되었다. 6·29선언 이후 불과 한달 남짓 만에 여야 합의안(8월31일)이 마련되고 국회의 절차를 거쳐 10월 27일 국민 투표로 확정되었다.

22) 정상호는 공화국의 의미가 성찰과 토론이 없는 '공화국' 형성 과정으로 의미의 전복이 일어나고 있음에 주목했다. 공화국이라면 누구도 특권을 갖지 않음으로써 이소노미아(무지배 혹은 지배하지 않

황은 해방 정국에서 갑자기 분단 정부 수립으로 논의가 진전되었던 1948년 제1공화국의 데자뷔(déjà-vu)이기도 하다. 최장집은 제1공화국이 민주공화국임을 선포했지만 민주공화국으로 나아가지 못한 원인을 조숙성(premature)이라고 지적한 바 있다(최장집, 2003). 불행하게도 제1공화국에서 제4공화국에 이르는 정치 과정과 1987년 체제로 탄생한 제6공화국의 정치 과정은 대통령 권력에 대한 지나친 의존도, 경제적 · 사회적 양극화, 그리고 내면화된 적대주의라는 관점에서 커다란 차이를 찾기 어렵다.

재야의 소멸과 시민 사회의 구조적 전환

1987년 체제가 성공할 수 있었던 결정적인 힘은 운동 정치[23]에 있었다. 역설적이게도 그 결과 운동 정치는 정당

는 가운데 생기는 균형)의 체제가 만들어져야 하는데 현실은 이와 정반대로 권력이 집중되고 특권 계급이 과도한 권한을 갖게 된다는 의미로 '재벌공화국', '삼성공화국', '서울공화국' 등의 현실 비판적 개념으로 사용되고 있다(정상호, 2013, 20쪽). 공화국의 의미가 전제주의로 둔갑하는 셈이다.

23) 김선혁은 운동의 정치를 세 가지로 분류한다(김선혁, 2022). 첫째, 운동 정치는 정당 정치가 제 기능을 하지 못할 때 발생하는 병리 현상으로 운동 정치는 폭발적일 수 있지만 지속적이고 영구적이 아니라 일시적인 현상으로 보는 관점이다. 둘째는 운동 정치가 일시적

정치 혹은 대권 정치로 대치되면서 빠르게 약화되는 결과를 낳았다. 그런데 운동 정치를 자세히 들여다보면 학생운동을 비롯한 다양한 부문운동과 더불어 시대를 성찰하며 목소리를 냈던 '재야의 정치'가 있다. 공화주의 관점에서 보자면 한국의 독특한 정치 공간이었던 '재야'는 특정 집단의 이익을 추구하는 것이 아니라 사회의 방향을 모색하면서 공공성의 가치를 추구해 왔다는 점에서 공화주의적 전통을 보여 주고 있다.

김근태는 재야를 '비제도권의 양심적인 이의 제기 집단이며 또한 투쟁하는 정치 세력'(김근태, 1993, 36쪽)이라고 정의한 바 있다. 공화주의적 문법으로 전환한다면 '시민적 덕성을 가진 시민들이 전제주의 곧 특권을 가지려는 세력들에게 예속되지 않기 위하여 투쟁하는 정치 사회'로 이해

인 현상이 아니라 상시적으로 보완해 주는 역할을 하며 특히 선거와 선거 사이에 주요한 대의 기능을 한다고 보는 관점이다. 김선혁은 이를 정당과 운동의 주종론적 성격으로 이해하며 거리 두기를 유지하면서 '비판적 지지'의 입장을 가지는 개혁적 시민운동의 현상을 보이는 특징을 가지고 있다고 설명하고 있다. 셋째는 정당 정치와 운동 정치를 대등한 관계로 보고 상보성을 인정하는 입장이다. 따라서 정당과 시민 단체는 제도권 안팎에서 서로 경쟁하고 협력도 하는 이중적 관계를 가진다.

할 수도 있다. 각 단어가 등가적 의미를 가지지 않을 수 있지만 '양심적'이라는 의미는 휴머니즘이라는 보편적 기준과 이를 자기의 고민과 의지로 생각하고 판단하여 행동한다는 의미에서 공화주의의 시민 곧 시민적 덕을 발현하는 과정이자 그럴 수 있는 용기와 행동을 포괄하고 있다. 또한 재야 공간은 투쟁의 공간이기도 하지만 끊임없이 고민하며 토론하는 의사소통의 공간이었다는 점을 강조할 필요가 있다. 안병무는 수유리 329번지에 마련한 자신의 자택이 재야인사들이 헤아릴 수 없이 드나들었던 소굴이라며 다음과 같이 회상한 바 있다.

> 이렇게 우리는 몇 년 동안 수유동 329번지에서 이런 법석을 했다. (…) 정치가 화제가 될 때에는 불 튀기는 의견 대립을 곧잘 나타냈으나 그 자리는 어떤 야심을 가졌거나 어떤 당이나 개인을 위하는 일은 허락하지 않았고 어떤 의미로는 구경꾼들의 잡소리장이 됐을지 모르나 우리는 이렇게 생각을 나누고 스스로 정리한 마음을 각기 관련된 사람들에게 영향을 주면서 난세를 넘겼다.(안병무, 1996, 108쪽)

안병무의 회고 가운데에 언제든 모이면 난상토론을 벌

일 수 있었던 '대화'가 존재했다는 점에 주목할 필요가 있다. 위의 인용에서 짐작할 수 있는 또 다른 원칙은 이들이 특정한 당, 인물, 야심에 대하여 경계를 게을리하지 않았다는 점이다. 이에 대해 예춘호는 다음과 같이 구술한 바 있다.

> 재야 활동하는 사람 가운데 순수 재야와 정치인 재야와는 구분되어야 한다는 분이 있습니다. (…) 물론 재야 정치인도 반체제 민주화운동을 한다는 점에서는 지식인이나 종교인과 마찬가지입니다. 그러나 (…) 역사적으로 현실이 인식되고 거기서 방법론이 도출되어야 하는데 현실적으로는 차이가 생기고 있습니다.(예춘호, 1987, 284쪽)

군부 정권 시절에는 여러 이유로 정당 활동을 그만두고 재야에 합류한 정치인들이 있었다. 예춘호의 구술에 의하면 재야 정치인들의 당파성이 재야의 자유로운 의사소통에 적지 않은 혼란을 주었던 것으로 이해된다. 위의 구술에서 알 수 있듯이 당시 종교인이나 지식인들이 적어도 특정한 권력과는 거리를 두면서 자유롭게 논의하는 공간을 소중하게 여겼다는 사실이다. 곧 당시의 재야 공간은 권력을 획득하는 것이 목적인 정당 정치와 달리 권력 자체를 민주주의 체제로 전환하고자 하는 운동 정치의 성격을 가지고 있었으며 시대정신에 대한 고민을 통하여 한국 사회의 변혁 지향적 담론을 구성하는 역할을 해 왔다(이기호, 2022, 78쪽). 재야가 광범위하게 부문운동을 지원하거나 변혁 지향적 운동의 비전과 담론을 만들어 낼 수 있었던 것은 그들이 특정 정파나 세력의 입장이 아니라 인권의 관점과 민족의 관점에서 문제를 바라볼 수 있었기 때문이다. 재야가 공화주의 전통을 보여 주는 대표적인 특징이다.

1987년 체제는 절차적 민주주의를 정착시켰지만 그 대가로 재야가 사라지고 운동 정치는 약화되는 결과를 낳았다. 재야의 소멸은 몇 가지 방식으로 일어났다고 볼 수 있다. 첫째, 군부 독재 정권에서 닫혀 있던 제도권 공간이 열리기 시작했다. 재야 정치인만 정치권으로 복귀한 것이 아니라 재야 활동가·지식인들도 다양한 방식으로 제도권 정치에 참여하기 시작하였다. 이들은 새로운 정당[24]을 만들기도 하고 김영삼 정부와 김대중 정부 때에는 청와대와 정부 내각에 발탁되기도 하였다. 둘째, 합법적인 시민운동의 공간이 확장되면서 재야인사들의 활동 방식이 다양하

---

24) 대표적인 당으로는 1988년 총선을 앞두고 창당한 한겨레민주당과 민중의당이 있었다.

게 전개되었다. 예컨대 시민들의 모금으로 한겨레신문사와 같은 진보적인 언론사가 만들어지기도 하였고 참여연대와 같은 시민단체가 등장하거나 통일운동, 환경운동, 여성운동 등 운동의 이슈 영역도 넓어지고 전문화되기 시작하였다. 셋째, 지식인들이 공식적인 언로가 다원화되면서 이야기할 공간이 확장되었다. 당시 미디어는 100분이라는 긴 시간을 토론 프로그램의 간판으로 만들었고 이후 유사한 프로그램들이 유행처럼 늘어났다. 지식인들의 글쓰기 공간도 늘어났으며 21세기에는 온라인 공간이 급속히 확장되었다. 다만 팟캐스트와 유튜브 방송 등은 순기능만 한 것이 아니었으나 여기서는 논하지 않기로 한다. 결론적으로 지식인들의 활동 영역이 확장되었고 전문화·다양화되면서 본래 관객 없이, 시간제한 없이 토론을 하였던 재야 공간은 관객을 의식하고 시간에 의해 편집되는 매체를 무대로 한 제도권 공간으로 흡수되었다.

본래 재야는 제도권 정치와 멀리 떨어진 바깥에 존재하는 것이 아니라 제도권 바깥이지만 그 경계에 바짝 붙어 새로운 정치 공간을 만들어 왔다(이기호, 2022). 돌이켜보면 재야는 운동 정치의 성격도 가지고 있었지만 시민 정치의 영역도 가지고 있었다. 재야의 비판적 목소리가 설득력을 가졌던 이유는 이들이 정치권력을 목적으로 하지 않았다는 점이다. 군사 독재 정권하에서 형성된 재야의 가장 큰 의의는 이들이 독재 권력에 저항할 수 있는 '사회적 정당성'을 만들어 냈다는 점이다. 시대정신에 부합하는 공적 담론 창출과 더불어 사회적 정당성을 구축해 갔다는 점은 재야가 지니는 공화주의의 대표적인 특징들이다.

그러나 제6공화국에서는 다양한 경로를 통하여 지식인과 활동가들이 제도권 정치로 편입되었다. 다음의 기사(한겨레21, 2022. 6. 14)는 이런 맥락에서 흥미롭다.

> 질문: 시민단체들의 정치적 영향력과 사회적 신뢰가 예전 같지 않다. 정부 지원금을 타거나 정치권에 가기 위한 수단으로 전락했다는 비판도 있다. 하지만 일반 시민들의 사회 참여는 점점 더 다양해지고, 각종 단체와 네트워크의 양적 성장도 계속되고 있다. 한국 시민 사회는 지금 어떤 상태에 있는가? 정치 변화를 이끌어 낼 저력이 있는가?
>
> 답변: "시민 사회요? 요새 아무도 그런 말 안 써요." "'시민단체' 하면 사람들은 권력, 정치권, 시민과 동떨어진 그런 걸 떠올리는 것 같아요." "어디 가서 시민운동 한다고 하면 더불어민주당 쪽이라 생각해요." "주민들은 시민 단체

가 관이랑 끈이 있는 사람들, 돈 끌어올 수 있는 사람들이라 보죠." "사람들한테 신뢰를 얻으려면 시민 단체라고 말하면 안 돼요."

위의 질의 및 답변의 행간을 읽다 보면 '시민 사회'는 사라지고 '시민 단체'만 남았으며 시민 단체는 민주당과 끈을 가지고 있고 재정 지원을 받는 관계라는 점이다. 앞에서 정의한 '재야'의 특징은 온데간데없이 사라졌다. 정치권으로부터 독립적이어서 자유롭게 비판할 수 있었고 사회적 방향성을 논했다는 점에서 '시민 사회'의 목소리라고 할 수 있는 공공성의 담론이 이제는 특정한 시민 단체의 관심과 이해라는 또 다른 당파성을 갖게 되었다는 의미이다. 단순히 재야가 사라진 것이 아니라 시민 사회의 공공성과 역동성이 사라지게 되었다는 점에 주목할 필요가 있다.

맺음말: 공화주의의 걸림돌과 디딤돌

공화주의가 없는 제 6공화국은 이제 새로운 국면에 접어들었다. 정당 정치와 운동 정치가 모두 약화되었기 때문이다. 이 두 영역을 활성화시킬 수 있는 전략 혹은 구조적 전환을 모색해야 할 시점에 와 있다. 그런데 무엇이 1987년 체제를 민주주의의 막다른 골목으로 내몰게 된 것일까? 공화주의의 가치가 살아나면 민주주의도 활성화되고 우리 사회 내부의 적대감도 사라질 수 있는 것일까? 공화주의의 가치가 살아나기 위한 구체적인 대안은 무엇인가?

먼저 1987년 체제의 한계는 깊이 있는 사회적 토론의 과정을 생략한 채 선거를 통해서 권력을 이동시키는 것에만 집중했던 것에 기인한다. 1948년 이래 왜 대한민국이 민주공화국이어야 하는가에 대한 논의와 그러기 위해서는 어떠한 국가를 만들어 가야 하는가에 대한 근본적인 논쟁과 사회적 합의가 항상 생략되어 왔다. 뿐만 아니라 대권을 잡는 것에 급급한 선거 중심의 정당 정치는 대권 후보를 따라다니며 이합집산하는 선거용 정당으로 전락시켰고 동시에 운동 정치가 급속히 해체되는 결과를 낳았다. 1980년대 '재야'는 정당 정치와 운동 정치를 매개할 수 있었고 사회적 토론을 통해 공적 담론 및 사회적 의제를 창출할 수 있었다는 점에서 공화주의를 실현하는 데 참고해야 할 대표적인 사례라고 할 수 있다.

1987년 체제의 또 다른 한계는 빠른 속도로 사회적 의제와 해결 주체를 정치권으로 이동시켜 버림으로써 운동 정치로 움직였던 시민 사회가 개별화된 시민 단체 중심의 사회로 변화되었다는 점이다. 그럼에도 불구하고 시민들은 정치권의 무능에 대한 질책과 사회적 불의에 대한 분노로 대통령을 탄핵시키기도 하였다. 비록 과거와 같은 운동정치와 재야는 사라졌지만 시민 사회의 운동성과 공공성에 대한 열망은 여전히 살아 있다고 할 수 있다. 공화주의가 자리할 수 있는 가능성을 충분히 감지할 수 있는 시민들의 힘이 확인되었다고 할 수 있다.

둘째, 공화주의가 불완전한 민주주의의 한계를 극복할 수 있는 대안이 될 수 있는가. 결론은 그렇다. 그러나 공화주의가 대안이 되기 위해서는 공화주의의 속성에 대하여 다시 한 번 확인할 필요가 있다. 다음은 공화주의 연구자인 비볼리의 저서에서 인용한 부분이다.

> 공화국은 다원성(多元性)이며 복수성(複數性)이다". 즉 공화국은 연방성(聯邦性)이다. 노베르트 보비오(Nobesto Bobbio)에 의하면 이 말의 의미는 "단원적(單元的)국가는 그 본질상 권위주의적으로 되지 않을 수 없으며, 따라서 고압적이며 전제적이 될 수밖에 없는데, 왜냐하면 단원성은 어쩔 수 없이 자율성과 자유로운 창의를 즉 한마디로 자유를 질식시켰기 때문이다.(모리치오 비볼리, 2006, 88쪽)

공화주의는 시민적 덕성을 바탕으로 서로 다른 차이를 인정하고 포용하며 이들과 상생할 수 있는 방법을 모색하는 정치 원리다. 공화주의가 전제주의와 다른 이유는 공화주의는 기본적으로 다원주의적이며 연방주의적 정치 원리를 갖는다. 왜냐하면 그 어떤 권력에게도 특권을 부여하지 않는 것이 공화주의의 특성이기 때문이다. 우리가 특권이라고 생각하는 정치권력은 그것이 공공성에 부합할 것이라는 합의와 기대 때문에 가능한 것일 뿐이다. 그래서 루소가 언급한 바와 같이 우리는 권력에 예속되는 것이 아니라 그것이 합의한 내용이고 옳기 때문에 복종하는 것이다.

대한민국이 왜 민주공화국이 되어야 하는가, 그리고 민주공화국이란 무엇인가, 나아가 민주공화국이 되기 위해 필요한 것이 무엇인가에 대한 논의를 본격적으로 시작하고 여기에 필요한 정치 과정을 진행하는 것이 바로 제6공화국의 한계를 넘어서 사회적 합의에 기초한 제7공화국으로 이행하는 시작점이 될 것이다. 1987년의 이행처럼 정당의 이해만 반영되는 급속한 변경이 아니라 사회적 공감대를 이루어 가는 과정에 기초해야 한다. 그런 의미에서 공화주의는 과정의 정치이기도 하다.

끝으로 공화주의를 재활성화하기 위하여 몇 가지 제안을 하고자 한다. 한 가지는 대통령 중심제에 대한 재고찰이 이루어져야 한다. 정당 정치가 살아나지 못하는 것은 국가의 비전이나 공공성보다는 권력을 장악하는 것에만 치우쳐 있기 때문이다. 특히 대통령으로 당선만 되면 권력을 장악해 집권 여당이 될 수 있다는 승자독식의 제도가 문제가 될 수 있다. 핵심은 대통령제를 바꾸는 것이 아니라 '정당 정치'를 복원하는 것에 두고 제도 개혁을 모색해야 한다. 대통령에게 권한이 집중되기보다는 정당이 '책임 정치'를 할 수 있도록 제도를 바꾸어야 한다. 제7공화국에 거는 기대는 여기서 시작한다.

정당 정치의 활성화와 더불어 운동 정치도 다시 활성화시켜야 한다. 정부의 지원을 받는 중간 조직 또는 정책과 캠페인 중심의 시민 단체도 물론 필요하다. 그러나 '재야'의 정치가 보여 준 공공성을 바탕으로 한 사회적 토론이 곳곳에서 진행될 필요가 있다. 21세기형 만민공동회 혹은 민회를 부활시키는 방안을 고려할 필요가 있다. 단지 토론의 플랫폼이 있다고 토론이 이루어지는 것은 아니다. 공화주의에서 시민적 덕성을 중요하게 여기고 일반 의지, 공공성, 커먼즈 등을 형성해 낼 수 있는 개개인의 리더십을 육성해야 가능한 일이기 때문에 운동 정치에는 많은 시행착오와 시간을 필요로 한다.

여기에는 또 하나의 함정이 있다. 제6공화국이 극복하

지 못한 분단 체제의 구조적 한계와 국가의 내재화된 폭력성으로부터 어떻게 자유로울 수 있는가에 대한 논의와 더불어 실질적으로 조금씩 그 자유를 확보해 가지 않으면 민주주의의 심화와 공화주의의 활성화를 이루어 내기 어렵다. 그리고 만일 공화주의가 활성화되기 어렵다면 우리 사회에 내재된 적대감은 더욱 커질 수 있고 위험 상황에 이를 수 있다.

대한민국의 분단 체제를 극복하려면 한반도 정치로 확장될 필요가 있다. 그러려면 초당적 협력이 가능해야 하고 그래야 정권 교체에도 불구하고 일관된 장기적인 정책 집행이 가능하다. 불행히도 우리 사회에 깔려 있는 적대감, 경제적 양극화, 지역 차별과 지역 소멸 등은 이러한 적대감을 넘어서기 어렵게 만드는 요인들이다. 그럼에도 불구하고 이 문제는 정치 없이 해결될 수 없다.

개벽사상과 개화사상에서 우리는 그 출구를 찾아볼 필요가 있다. 예컨대 지역의 풀뿌리운동은 집강소와 같은 지역 사회의 민회와 같은 거점을 구축해 볼 수 있다. 현재의 지방에는 연고주의와 오래된 관행들로 공화주의형 자치가 어려울 수 있다. 그러나 이러한 문제도 결국은 시행착오를 겪어야 하며 시간과 기회비용이 필요하다. 그 과정에서 시민적 덕성에 기초한 리더십을 육성하는 일이 병행되지 않으면 개선하기 어렵다. 동시에 개화사상에서 실험한 만민공동회는 지금 우리에게 필요한 논의 구조라고 생각할 수 있다.

참고문헌

곽준혁(2005). 민주주의와 공화주의: 헌정체제의 두 가지 원칙. 『한국정치학회보』, 39권 3호, 33~57.

곽준혁(2008). 왜 그리고 어떤 공화주의인가. 『아세아연구』, 131호, 133~163.

김경희(2009). 『공화주의』. 서울: 책세상.

김동춘(2011). 냉전, 반공주의 질서와 한국의 전쟁정치: 국가폭력의 행사와 법치의 한계. 『경제와사회』, 89호, 333~366.

김병록(2020). 대한민국의 탄생과 공화주의 실현의 과제. 『국가법연구』, 16권 2호, 1~31.

김용민(2016). 루소와 공화주의. 『한국정치연구』, 25권 1호, 167~192.

김종엽(2010). 87년체제론의 관점에서 본 사회체제논쟁. 『민주사회와 정책연구』, 17호, 53~90.

김종엽(2017). 『분단체제와 87년체제』. 서울; 창비.

김태우(2016). 87년체제의 위기와 한계: 정치적 대의제와 사회적 재생산의 위기. 『역사와 현실』 102호, 3~22.

모리치오 비롤리 저, 김경희 · 김동규 역(2006). 『공화주의』. 서울: 인간사랑.

박맹수(2014). 동학계 종교운동의 역사적 전개와 사상의 시대적 변화: 동학과 천도교를 중심으로. 『한국종교』, 37집, 53~87.

백영서 엮음(2022). 『개벽의 사상사』. 서울: 창비.

서희경(2006). 대한민국 건국헌법의 역사적 기원(1898-1919): 만민공동회 · 3.1운동 · 대한민국임시정부헌법의 '민주공화'정체

인식을 중심으로. 『한국정치학회보』, 40권 5호, 139~163.

서희경(2013). 대한민국 민주공화제 헌법의 자생적 뿌리. 『내일을 여는 역사』, 51호, 16~34.

서희경(2014). 헌법적 쟁점과 대한민국의 국가정체성(1945-1950). 『한국정치학회보』, 48권 2호, 251~271.

성지윤(2021). 손병희의 일본망명과 개화사상의 형성: 손병희의 『준비시대』를 중심으로. 『동학학보』, 59호, 393~433.

손호철(2009). '한국체제'논쟁을 다시 생각한다: 87년체제, 97년체제, 08년 체제론을 중심으로. 『한국과 국제정치』, 25권 2호, 31~59.

송석윤(2020). 조소앙의 헌법사상: 삼균주의의 형성과 전개. 『헌법학연구』, 26권 1호, 123~166.

안병무(1996). 수유동 329번지. 예춘호 고희기념문집간행위원회 편. 『명분을 지키며 소신에 살며』. 서울: 일월서각.

예춘호(1987). 『그 어두움의 증인이 되어』. 서울: 성정출판사.

오문환(2005). 동학에 나타난 민주주의: 인권, 공공성, 국민주권. 『한국학논집』 32집, 179~212.

오문환(2007). 천도교(동학)의 민주공화주의 사상과 운동. 『정신문화연구』, 30권 1호, 31~55.

유홍림(2018). 공화주의 전통의 현대적 의의. 『한국정치연구』, 27권 3호, 1~26.

이기호(2008). 21세기 공공성의 정치학적 재구성. 김세훈 외. 『공공성』. 서울: 미메시스.

이기호(2022). 재야의 정치와 예춘호의 정치. 『동향과 전망』. 115호, 73~108.

이기훈(2019). 3.1운동과 공화주의: 중청, 응축, 비약. 『역사비평』 127호, 90～116.

이나미(2019). 3.1운동과 공화주의: 공화국수립일을 제안하며. 『시민사회와 NGO』, 17권 2호, 79～109.

이명순(2007). 공화주의의 유형과 그 비판: 강한 유형과 약한 유형. 『철학사상』, 26권, 269～296.

이상훈(2015). 민주공화주의 이념의 기원. 『철학』, 124호, 121～139.

이성우(2011). 국가폭력에 대한 기억투쟁: 5 · 18과 4 · 3비교연구. 『OUGHTOPIA』, 26권 1호, 63～86.

이신행(2006). 『풀뿌리 정치와 사회적 정당성』. 서울: 법문사.

이영록(2010). 한국에서의 '민주공화국'의 개념사: 특히 '공화'개념을 중심으로. 『법사학연구』, 42호, 49～83.

이윤갑(2017). 도산 안창호의 민족운동과 공화주의 시민교육. 『한국학논집』, 67집, 37～92.

이윤갑(2017). 도산 안창호의 민족운동과 공화주의 시민교육. 『한국학논집』. 67집, 37～92.

이충한(2013). 본래적 공화주의와 도구적 공화주의. 『철학연구』, 128호, 211～239.

장규식(2018). 3 · 1운동 이전 민주공화제의 수용과 확산. 『한국사학학사학보』, 38호, 48～66.

장은주(2023). 왜 지금 '공화'인가?: 한국 민주주의의 '공화화'라는 과제와 민주적 공화주의. 『민주주의와 인권』, 23권 1호, 5～35.

장진호(2017). 1987년 민주화운동의 성격과 역할: 87년체제의 한계. 『헌법학연구』, 23권 3호, 105～124.

정대화(2002). 『포스트 양김시대의 한국정치』. 서울: 개마고원.

정상호(2013). 한국에서 공화(共和)개념의 발전 과정에 대한 연구. 『현대정치연구』, 6권 2호, 5~35.

정상호(2023). 한국의 보수 · 중도의 새로운 정치이념으로서 공화주의의 가능성과 한계. 『동향과 전망』, 120호, 166~199.

정치창(2021). 동학과 개벽운동. 『현대사상』, 25호, 217~235.

정태창(2013). 비지배 자유와 공화주의의 딜레마. 『철학사상』, 47호, 125~160.

조규태(2022). 손병희의 근대화운동과 자유민주주의사상의 확산. 『동학학보』, 62호, 45~75.

조승래(2010). 『공화국을 위하여』. 서울: 도서출판 길.

채진원(2019). 『공화주의와 공생하는 시틀』. 서울: 푸른길.

최장집(2001). 한국민주주의 제약조건들. 『민주주의와 인권』, 1권 1호, 33~60.

최장집(2006). 『민주주의의 민주화』. 서울: 후마니타스.

한홍구(2002). 한국의 시민사회, 역사는 있는가. 『시민과 세계』, 1호, 91~110.

허남진(2020). 근대한국 개벽종교의 '공화'개념: 천도교의 공화적 인간을 중심으로. 『원불교사상과 종교문화』, 84집, 109~143.

허수(2021). 근대전환기 '개벽'의 불온성과 개념화: 동학 · 천도교를 중심으로 『인문논총』, 78권 4호, 237~272.

홍성흡(2007). 국가폭력연구의 최근 경향과 새로운 연구 방향의 모색. 『민주주의와 인권』, 7권 1호, 5~28.

21세기 공화주의 클럽(2019). 『21세기 공화주의』. 서울: 인간사랑.

한겨레(2013. 4. 28). https://www.hani.co.kr/arti/society/schooling/584904.html

통일부 남북관계관리단. https://dialogue.unikorea.go.kr/ukd/main/userMain/main.do

02

신공화주의적 평화의 길

국제 정치적, 한반도적 상상 또는 설계

구갑우 북한대학원대학교

문제 설정: '비지배로서의 평화'

이 글은 신공화주의(neo-republicanism) 연구 프로그램의 규범적 이상인 타인의 자의적 권력에 종속되지 않은 상태로 정의되는 '비지배(non-domination)로서의 자유'가 '한반도 시공간 복합체'에서도 실현 가능한 기획인지를 묻는다. 즉, 일국적 차원의 정치 철학적 기획인 비지배 자유를 국제적, 한반도 수준으로 확장하려는 시도다. 한반도 시공간 복합체에서의 비지배 자유를 '비지배로서의 평화', '비지배의 시공간으로서의 한반도'로 번역하는 것이[25] 이 글

25) 이 글을 작성하는 과정에서, 비지배 자유를 비지배 평화로 번역하려는 글을 만났다. 곽준혁(2003)은 "민족주의 없는 애국심과 비지배

의 핵심 목적이다. 극단적 폭력으로 타자/타국을 지배하고자 하는 전쟁의 시대에, 최악의 사태인 한반도 핵전쟁을 예방하기 위해서는, 비지배 평화, 비지배 한반도가 한반도의 구체적 맥락에서 실천의 지침을 할당하는 '규제적(regulative) 이상'의 역할을 해야 한다는 것이[26] 이 글의

평화원칙"에서 애국심에 대한 공동체주의, 사해동포주의, 공화주의 전통을 비교한 이후, 비지배 자유를 비지배 평화의 원칙으로 대체하고자 했다. 그 글의 "비지배 평화원칙은 비지배 자유원칙을 정치적·도덕적 판단 근거로 끌어올림으로써, 갈등의 조정과 지배·피지배 관계의 해소를 목적으로" 하는 것이었다. 공화주의적 애국심에 기초해 개인적 수준에서는 고대 그리스 시대 아리스토텔레스(Aristotle, 기원전 384~322)의 정치적 '우애'를, 국가적 수준에서는 서양 근대 초입 마키아벨리(Niccolò Machiavelli, 1469~1527)의 '비지배'를, 국제적 수준에서는 고대 로마 공화정 시기 키케로(Marcus Tullius Cicero, 기원전 106~43)의 '품위'를, 비지배 평화 원칙과 연결했다. 이 글에서는, 곽준혁(2003)이 제시한 고대 로마공화정 시기 국제관계에 관한 키케로의 담론-'불간섭의 원칙', '상호의존에 기초한 비지배의 원칙', '신뢰의 원칙'-을 상상력의 원천으로 삼으면서, 비지배 평화를 근대 국제 관계 일반, 한반도 특수 국제 관계의 정치적·도덕적 판단의 근거로 만들려 한다.

26) 비지배 평화, 비지배 한반도를 규제적 이상으로 간주한다는 의미는, 비지배 자유가 다른 모든 원칙을 파생시키는 제1원칙이 아니라 한반도적 맥락에서 다루어지는 개별 사안에서 어떤 정의가 요구되는지를 인도하는 역할을 강조하는 것이다(곽준혁, 2012). 비지배 평화

주장이다.

핵심 질문에 포함된 주요 개념들과 관련한 세부 진술 및 질문은 다음과 같다.

첫째, 이 글에서 신공화주의는 '중도 좌파적' 진보 이념인 세 흐름을 통칭하는 용어다. 서구의 정치 철학자 페팃(Pettit, 1997/2012)과 스키너(Skinner, 1998)가 주도한 신공화주의를 중심에 놓기는 하지만, 한국에서 부활한 공화주의,[27] 일본의 사상가 가라타니 고진(柄谷行人, 2006/

는 가야 할 목표이면서 동시에 '방법'으로서의 의미도 가진다. 가라타니 고진(2010/2012)은 칸트(Immanuel Kant, 1724~1804)의 규제적 이상을 "결코 실현되지 않지만, 우리가 그것에 다가가려 노력하는 지표"란 의미로 해석한다. 즉, 규제적 이상은 폭력을 동원해서라도 그 이상을 강제하지 않겠다는 약속과 같은 것이다.

27) 1990년대 한국 사회에서도 시장이 모든 것을 결정해야 한다는 신자유주의가 지배적 이념이 되면서 공화주의에 대한 관심이 증대하기 시작했다. 2008년 5월 미국산 쇠고기 수입에 반대하는 시민의 저항인 촛불 시위 속에서 대한민국은 민주공화국이란 헌법 제1조가 소환되었다. 국가가 공공성을 상실하고 과두제로 전락했다는 문제의식의 발로였다. 경제적 양극화와 더불어 정치적 양극화가 심화되면서, 특이하게도 노무현의 대화와 타협의 정신이 현재적 시각에서 공화주의로 재정의되기도 했다. 한반도에서 동학과 독립협회로 거슬러 올라가 '함께 화합하는' 공화(共和)를 재발견하는 작업과 동시에 (신)공화주의의 수입도 이루어지고 있다. 한국적 맥락에서 공화주의에 착목

2007, 2010/2012, 2014/2016)의 세계 공화국 구상을 신공화주의 테두리 안에 넣는다. 이 신공화주의들은 1980년대부터 이념적 헤게모니를 가진 신자유주의가 대량 생산한 정치 경제적 양극화의 폐해를 극복하려는 의도를 공유한다.[28] 페팃이 주도하는 일국적 신공화주의의 핵심 주제는 '규범적, 규제적 이상'으로서 '비지배로서의 평등한 자유', 쌍생아와 같은 '제도적 이상'으로서 권력 분립과 같은 '혼합 정체(mixed constitution)'와 '견제하는(contestatory) 시민들'이다(Lovett & Pettit, 2009; Pettit, 2013).[29] 이 규

하는 연구로는 곽준혁(2008), 조승래(2010, 2011), 정상호(2013), 김경희(2022), 장은주(2023, 2024), 채진원(2020), 이기호(2024), 정준호·이일영(2024) 등을 참조.

28) 신자유주의가 서구적 현상이 아니라 1950년대부터 사회주의라는 대안적 체제에 붙어 기생하며 자라난 것이라는 주장도 주목의 대상이다(Bockman, 2011/2015).

29) 전 세계를 가로지르는 공화주의 전통의 역사를 쓰는 것은 이 글의 밖이다. 그럼에도 공화주의 앞에 왜 '신(neo)'을 붙였는가는 설명되어야 한다. 페팃(Pettit, 2013)은 공화주의 전통들을 이탈리아-대서양(Italian-Atlantic) 전통과 프랑스-독일(Franco-German) 전통으로 구분한다. 프랑스-독일 전통을 대표하는 철학자로 루소(Jean-Jacques Rousseau, 1712~1778)와 칸트를 들고 있다. 페팃은 공화주의자로서 루소와 칸트가 규범적·규제적 이상으로서 '비지배로서의 평등한(equal) 자유'에 충실했다고 정리한다. 그러나 루소와 칸

범적 · 제도적 이상을 세 신공화주의가, 어느 주제에 집중하느냐는 차이는 있지만 공유하고 있다는 것이 이 글의 생각이다.

둘째, 신공화주의 연구 프로그램에 국내적 기획인 비지배 자유가 국제적 수준에서의 비지배 평화, 비지배 한반도로 도약할 장치들이 마련되어 있는지의 여부다. 페팃의 책 『신공화주의』(1997)에는 '국제관계의 공화화' 기획이 담겨 있지 않았지만(Deudney, 2006), 이후 페팃이 포함된 신공화주의 진영은 불가피하게 국제 관계의 공화화를 의제화했다. 두 경로를 상상해 볼 수 있다. 1) 국제관계의 공화화를 국내적 기획의 연장으로 생각해 볼 수 있다. 이 인식론적 연속은, 비지배 자유를 국제적 수준의 이상으로 설정하고 국제적 수준에서 혼합 정체와 견제하는 시민들을 조직하는 것이다. 세계 공화국 만들기와 그 기초로 세계

트가 이탈리아-대서양 공화주의 전통의 제도적 이상인 혼합 정체와 견제하는 시민들에는 반대하며 공동체주의에 친화적인 공화주의를 전개했다고 주장한다. 신공화주의에서 '신'은 이탈리아-대서양 전통을 계승했다는 의미다. 페팃의 이 공화주의 전통사 서술을 수용하면, '교환 양식'의 개념을 가지고 칸트와 맑스(Karl Marx, 1818~1883)를 가로지르며 세계 공화국을 구상하는 가라타니 고진은 프랑스-독일 전통에 가까운 사상가다.

시민사회를 상상하는 것이, 그 예다. 2) 국내와 국제의 사유에서 인식론적 단절을 기초로, 국제 관계의 공화화를 의제화할 수도 있다. 국제 관계의 존재론적 무정부성(anarchy)을 전제로, 따라서 세계 공화국의 불가능성을 전제로, 비슷한 일을 수행하는 다양한 형태의 국제 제도와 같은 기능적 등가물을 만드는 경로다.

이 두 경로를 가로지르는 쟁점은, 비지배 자유와 비지배 평화의 향유 주체로 개인과 인민에 덧붙여 '국가'(state)를 설정할 수 있는가 여부다. 두 이론적 상상이 가능하다. 1) 국가를 국내적 형태인 '정체(polity)'로 정의할 경우, 국제 관계는 공화정 대 비공화정의 대립 구도로 환원될 수 있다. 즉, 공화정이 비공화정의 형태를 띤 '깡패 국가(rogue states)'을 '지배'해야 한다는 제국주의적 문제 설정이 나올 수 있다. 따라서 '지배로서의 평화' 또는 '지배로서의 한반도'란 문제 설정이 만들어질 수도 있다. 국내적 수준에서 정체로서 공화정의 건설이 국제 관계의 공화화를 위한 충분조건은 아니다. 2) 잉글랜드 출신의 정치 철학자 토마스 홉스(Thomas Hobbes, 1588~1679)가 1651년 출간한 『리바이어던(Leviathan)』(Hobbes, 1991)에서 정의한 것처럼, 국가는 '인공적 사람(artificial person)'일 수 있다. 만약 국가가 인격과 같은 것을 가진 행위 주체라면, 국가들이 평등한 비지배 자유를 향유할 주체로 상정될 수 있다. 실제로 세 신공화주의 진영 내부에서는 국가를 어떻게 정의하느냐에 따라 국제 관계의 공화화의 이상인 비지배 평화를 실천하는 방식에서 차이를 보이고 있다.[30)]

셋째, 비지배 한반도라는 규범적·규제적 이상은 남북 관계의 공화화만으로는 달성될 수 없는 과제다. 한반도라는 공간의 안과 밖에 위치한 다양한 국가, 비국가 행위자들이 연계되어 있고, 한반도에서 해결해야 과제들도 시간대를 달리하는 탈식민, 탈패권, 탈분단, 탈핵 등으로 얽혀 있기 때문이다. '한반도 시공간 복합체'의 개념이 필요한 이유다(이혜정, 2022). 예를 들어, 한국과 조선은 "패권 부재/불가능"(이혜정, 2024)의 시대에 폭력적 방식으로 지배-피지배 관계를 만들고자 하는 전쟁들에 직간접 개입을 하고 있다.[31)] 러시아-우크라이나 전쟁에서 한국은 동맹국

30) 주권 국가 개념의 역사를 고찰하고 있는 스키너(Skinner, 1999, 2011)는 왕의 신성한 권리를 인정하는 '절대주의적(absolutist) 이론', 군주제와 구분되는 '민중주의적(populist) 이론', 국가를 인공적 사람으로 간주하는 '허구적(fictional) 이론', 국가를 정부 조직과 동일시하는 '상식적(commonsensical) 접근' 등의 네 분류를 제시한다. 정체로서의 국가가 상식적 접근에 가깝다면, 인공적 사람으로서의 국가는 스키너에 따르면 인공적 영생을 가진 주체의 의미까지를 가진다.

미국의 진영에 들어갔고, 조선은 러시아 편에 들어갔을 뿐만 아니라 전쟁 와중에 군사 동맹을 체결하고 러시아에 파병까지 한 상태다. 한반도에서는 남북의 소통이 없는 상태에서 한국과 미국의 핵 기반 동맹 대 핵 국가 조선과 러시아의 동맹이 맞서고 있다. 한국과 조선 모두, 힘을 통한 평화를 추구하고 있다. 한국과 조선이 전쟁, 서로 무시, 지배 평화, 비지배 평화 가운데 어디를 향할지 불확실한 상태다. 이 글에서 규제적 이상으로 제시하는 비지배 평화, 비지배 한반도가 한반도의 미래를 상상 또는 설계하는 과정에서 다가가야 할 한반도 공동선의 한 지표이자 한반도 갈등을 평화적 방법으로 조정하는 원칙으로 역할을 할 수 있다는 것이, 이 글의 생각이다.

규범적, 규제적 이상으로서 비지배 평화: 이론적 도약

신공화주의의 핵심 규범적 · 규제적 이상인 비지배 자유

---

31) 이 글에서는 한반도 두 국가, 대한민국과 조선민주주의인민공화국을 약칭 한국과 조선으로 부른다.

는, 페팃이 공화주의적 전통에서 추출한 최고의 포괄적 가치다.[32] 전통적 공화주의적 가치로 상정되는 정치 참여, 시민적 덕성(virtue), 자치(self-government), 인민 주권(popular sovereignty) 등이 아니라 개인의 지배받지 않을 자유를 단일 이상으로 제시한다. 한국 발 공화주의는, 개인의 비지배 자유를 최고의 가치로 설정한 것인가를 둘러싸고 고민 중이다. 기득권 정치의 타파를 위해 공동선을 공화주의의 우선 가치로 설정하면서도, 공화주의적 운동으로 해석 가능한 조선 후기 개화와 개벽 운동, 식민지 시대의 독립운동, 건국 이후의 민주화 운동 등에서 개인이 아닌 집합적 주체의 비지배 자유를 향한 열망을 발견하기도 한다(이기호, 2024). 한국 발 공화주의에서는, "모든 생명은 평등하게 존엄하다는 대원칙", "모두가 평등하게 누려야 할 인간의 존엄성" 등을 규범적 · 규제적 이상으로 설정한다(이진순, 2024. 8. 21; 장은주,

32) 비지배 자유는 고대 아테네에서 출현한 이상으로, 공화주의적 전통보다 오래된 평등의 원칙이다. 고대 로마 공화정부터 본격적으로 자유가 비지배와 등치되었고, 르네상스 시대 정치 철학자 마키아벨리는 공공선의 근거로서 다수의 지배받지 않으려는 열망을 재발견했다(곽준혁, 2014).

2024). 이 글에서는 이 평등한 존엄성의 실현을 위한 기초가 비지배 자유라고 생각한다.[33)]

한국에서 비지배 자유가 한반도적 맥락의 변용을 거쳤다면, 스페인에서는 직수입이 이루어졌다. 2004년 스페인 사회주의노동자당(Spanish Socialist Workers' Party)이 선거에서 승리한 이후, 수상 사파테로(José Luis Rodríguez Zapatero)가 페팃을 초청하면서, 비지배 자유는 '비유토피아적(nonutopian)' 실천 지침이 되었다(Martí & Pettit,

---

33) 급진적 정치 이론으로 페팃의 비지배 자유를 해석할 때, 맑스와 친화적 시각에서 공화주의를 '더' 급진적으로 해석하려는 비판이 나온다. 비지배 자유의 실현을 위한 충분조건이 무엇인가를 물으려 한다. 첫째, 공화주의적 전통을 비지배 자유와 같은 단일 개념으로 환원하는 것에 대한 반대다. 공화주의는 '공화주의자 맑스'가 주장한 것처럼, 자치와 인민적 통제, 인민 주권 등이 포함된 개념의 군집으로 이해되어야 한다는 것이다(Leipold, 2017). 둘째, 이상으로서 비지배 자유를 최고의 이상으로 설정하는 것에 동의하지만, 그것만으로는 불충분하다는 견해다(Bryan, 2023; Love, 2008; Markell, 2008; McBride, 2015; White, 2011). 비지배의 상태를 상상하기 위해서는, 지배로서의 자본주의적 착취와 제국주의적 수탈을 고려해야 한다는 것이다. 비지배를 위한 물질적 조건이 무엇인가를 탐색하려는 시도다. 셋째, 사회주의의 철학적 기초로 비지배를 수용하는 것에 대한 반대다. 평등의 관계론적 개념화를 통해 비지배 자유를 포함하는 규범적·규제적 이상을 설정하려 한다(MacRae, 2024).

2010). 2004~2011년 집권한 사파테로는 페팃의 신공화주의 원리를 사회주의노동자당의 정책에 접목하고자 했다. 페팃의 신공화주의는 향도의 별 '북극성'으로 불렸다. 신자유주의 시대를 거치고 집권한 좌파 사회민주주의자들에게 비지배 자유라는 새로운 자유 개념에 기초한 신공화주의가 매력적 대안이었다. 비지배 자유라는 규범적 이상이 국가의 개입을 통해 증진될 수 있다는 페팃의 신공화주의적 구상은, 자본주의의 철폐를 의제화하지 않으면서도 진보를 만들어 내려는 스페인 사회민주주의자들에게 정치 철학과 정치적 실천을 연결하는, 스페인 사회민주주의자의 표현에 따르면 서로 다른 두 공간을 잇는 가상의 통로인 '웜홀(wormhole)'의 개통을 가능하게 했다. 스페인 사파테로 정권의 실험은 이상으로서의 비지배 자유가 실천성을 담보할 수 있음을 보여 주는 사례다.

운동과 이념으로서 신공화주의를 수용하는 우리는 비지배 자유를 국제적, 한반도적 수준에서 비지배 평화로 번역하기 위해 지배에서 출발한다. 지배(domination)는 주인과 노예의 관계처럼 권력(power)의 불균형 또는 비대칭성 때문에 발생한다. 그러나 행위 주체가 가지고 있는 물리적, 경제적, 문화적 자원의 차이, 즉 권력의 불균형이 반드시 지배를 만드는 것은 아니다. 지배는 제한되지 않은 부정의한 권력의 불균형과 같은 것으로, 그 불균형은 다른 행위자들 또는 그들의 행위 조건을 통제(control)하게 할 수 있다(McCammon, 2018). 신공화주의에서 지배는 부정의와 같은 도덕적 문제지만, 사실 맑스주의자에게 지배는 구조와 같은 비도덕적(nonmoral) 문제라는 점도 유의를 필요로 하는 부분이다.

페팃은, 권력에 대한 고전적인 관계론적 정의, "A는 B가 그렇지 않으면 하지 않을 일을 하게 할 수 있을 정도로 B에 대한(over) 권력을 가지고 있다"를 수용한다(Dahl, 1957; Pettit, 2008). 지배는 권력과 같은 것이다. '두 행위자(dyadic)' 사이의 관계로서의 지배는 다음의 세 가지 조건을 충족해야 한다(Pettit, 1997). 남북 관계를 비롯한 한반도를 둘러싼 국제 관계에 원용하기 위해, 자주 인용되는 내용이지만 반복하고 간략한 비판을 덧붙인다.

(1) A는 간섭(interference)할 수 있는 능력을 가지고 있다,

(2) 자의적으로(on an arbitrary basis),

(3) B가 내릴 수 있는 특정한 선택들에 대하여.

(1)에서 행위자 A의 간섭은 의도를 가지고 행위자 B의 선택의 상황을 악화시키려는 시도다. 직접적 강압

(coercion)이 전형적 경우다. A는 B의 선택의 범위를 제한할 수 있고, B의 행동의 기대 보수를 변경시킬 수 있으며, 특정한 방식으로 B를 조종할 수도 있다. 직접적 강압이 없이도 특정한 맥락(context)에서 생략의 행위로 B의 선택의 상황은 악화될 수도 있다. 예를 들어, 응급 상황임에도 불구하고 관련 행위자가 응급 처치를 거부하는 것도 간섭의 한 형태가 될 수 있다. 능력(capacity)은 간섭을 '할 수' 있다는 의미다. 우리는 능력은 있지만, 간섭하지 않는 경우도 생각해 볼 수 있다. 이 권력은 B'에 대한 권력(power over)'이 아니라 B'에게 권력(power to)'이다(Göhler, 2009).[34] 즉, 권력을 소유하지만 행사하지 않는 경우다.[35]

---

34) '함께하는 권력(power with)'도 있다. 지배가 아니라 공동의 목표를 달성하기 위한 협력의 힘을 생각할 때 쓸 수 있는 개념이다.

35) 관계적 권력 개념은 A와 B 사이의 원인과 결과가 담겨 있다. A와 B 사이의 권력 관계를 가능하게 외적·구조적 조건은 주어진 것으로 간주된다. 권력의 차원(dimension)에 관한 논의에서 관계적 권력은 행위자 중심의 1차원적 권력 개념이다. 권력의 2차원은 구조(structure)와 관련된다. 예를 들어 어떤 문제를 의제화시키지 않는 능력이다. 이른바 비결정(non-decision)을 만드는 권력이다. 권력의 3차원은 사유의 체계다. A와 B가 공유하면서, B가 순응하게끔 하는 사회적 지식과 같은 것이다. 권력의 4차원은 B가 내면화하고 있는 자기 규율과 같은 것이다[권력의 차원에 관한 종합은 하우고르(Haugaard,

우리는 어떤 조건하에서 권력의 소유가 행사로 전환되는지를 탐구할 필요가 있다(Pettit, 2008).

(2)에서 등장한 '자의적'이란 개념은 신공화주의 지배 이론에서 핵심 역할을 한다. 신공화주의 주창자 가운데 한 명인 역사학자 스키너는 지배자가 자의적 권력을 가지고 있다는 의미는 시민적 자유가 항상 지배자의 선의에 의존하는 것을 의미한다고 썼다(Skinner, 1998). 자유의 반대를 권력으로 설정하는 사고다. 권력으로부터의 자유, 즉 소극적 자유는 해방의 가능성에 대한 조건이라는 의미다

2020) 참조]. 신공화주의적 권력 이론이 '구조적 지배'를 고려하지 않고 있다는 비판도 제기된다. 예를 들어, 주인이 노예를 지배하고 있는 것이 아니라 노예 제도가 노예를 지배하고 있다는 논리다(Hasan, 2021). 신공화주의를 자본주의 비판에 활용하려는 '사회주의적 공화주의', '비판적 공화주의' 계열의 연구자들도 '임금 노예'를 생산하는 구조적 지배를 강조한다(이일영·정준호, 2024; Leipold, Nabulsi, & White, 2020; Mulvad & Popp-Madsen, 2022; Thomson, 2013). 더 나아가 사회주의자가 반드시 공화주의자가 될 필요가 없다는 주장까지 제기된다(Kandiyali, 2022). 반면, 페팃은 자본주의나 군산 복합체와 같은 추상적 구조가 지배한다는 주장에 대해, "오직 개인 또는 개인들로 이루어진 집단만이 다른 사람들을 지배"하고, "구조가 지배한다고 하더라도, 그것은 이러한 구조가 간접적으로 직접적인 지배를 촉진시킨다는 의미에서만 그러"하다고 반박한다(필립 페팃·곽준혁, 2009).

(Hauggard, 2020). 페팃은 『신공화주의』(1997) 발표 이전에 쓴 글에서 자유를 '반(反) 권력(antipower)'으로 정의하기도 했다(Pettit, 1996). 그러나 법의 간섭, 정부의 간섭을 통해 비지배 자유를 신장하려는 기획에서는 권력의 긍정적 역할을 설정할 수밖에 없다. 즉, '비자의적' 간섭에 정당성을 부여하려는 의도 때문이다. 철학적으로는, 자유주의의 소극적 자유인 비간섭으로서의 자유에 동의하지 않는 이유다. 권력의 행사가 비자의적이라면, 권력의 행사가 비지배 자유를 증진한다면 정당하다는 논리다. 즉, 권력이 자유의 반대가 아니라 오히려 자력화(empowerment)를 생산하는 순기능적 측면을 가지고 있다는 확대 해석도 가능하다(Hauggard, 2020).

(3)은 선생과 학생, 고용주와 피고용주 등과 같은 특정 삶의 영역에서 지배 관계가 발생한다는 의미다.[36] 물론 페팃은, 사회주의적 공화주의처럼 경제 민주주의, 인민 주권이나 집합적 주체인 인민의 자치와 같은 적극적 자유를 추

36) 스페인의 사파테로 정권이 비지배로 바꾸고자 했던 영역은 여성, 동성 결혼, 장애인, 이주자, 작업장, 독립 방송, 권력의 탈집중화, 정부 책임성 등이었다(Dienst, 2008). 한국에서도 직장 내 괴롭힘을 사용자의 자의적 간섭으로 정의하면서 '작업장 공화주의'란 용어를 사용하고 있다(백도현·신은종, 2021).

구하는 '강한' 공화주의보다는 개인이 향유해야 할 비지배 자유에 기초해 '약한' 공화주의를 설계하는 전략적 선택을 했다(이명순, 2007). 19세기 초부터 서구 사회에서 지배적 이념으로 부상하고 현재도 이념적 헤게모니를 행사하고 있는 자유주의와의 친화, 그리고 자유주의와 대척에 서 있는 공동체주의와의 불화가 자신의 공화주의 전파에 유용하다는 전략적 판단을 했을 것이다.

일견 모순되어 보이는 '지배하지 않는 권력'을 상정하면서, 페팃은 물리적, 경제적, 문화적 자원이 부족한 무력자(the powerless)가 권력자(the powerful)가 행사할 수도 있는 지배에 맞서 비지배 자유에 다가갈 수 있는 경로를 제시한다. 첫째, '상호적 권력(reciprocal power)' 전략이다. 권력자와 무력자의 자원들을 보다 평등하게 만드는 것이다. 폭력까지 동원해 평등한 세상을 만들려 했던 사회주의 혁명의 길도 상호적 권력 전략에 포함될 수 있을 것이다. 혁명이 아닌 점진적 방법을 통해 상호 권력을 평등하게 만들려는 진보적 자유주의와 사회민주주의 같은 시도들도 있어 왔지만, 피케티(Piketty, 2013/2014)가 지적하는 것처럼 우리가 살고 있는 자본주의 사회에서 권력자와 무력자의 경제적 불평등은 경향적으로 심화되어 왔다. 둘째, 헌법 규정(constitutional provision) 전략은 헌법과 같은 제도를 도입해 지배를 없애는 것이다. 국가와 같은 권위체의 비자의적 간섭을 통해 지배를 감축 또는 제거하고자 하는 시도다.

헌법 규정 전략을 선호하는 '규범적, 제도적 연구 프로그램'으로서 신공화주의는 다음 세 가지를 지향해야 할 규범적 이상과 제도적 이상으로 정리한다(Lovett & Pettit, 2009).

(1) 주인(master, *dominus*)을 가지지 않는 '자유인(free person)'에 대한 구상.
(2) 지배하지 않는 국가, 지배로부터 시민의 자유를 증진하는 '자유 국가(free state)'에 대한 구상.
(3) 국가가 지배에 맞서 비지배하는 보호자로서 역할을 하게끔 하는 '좋은 시민의 자격(good citizenship)'에 대한 구상.

이 연구 프로그램은 비지배 자유의 제거 또는 증진의 두 조건으로, 중앙 권위체인 '국가'의 역할과 시민이 주도하는 '견제(contestatory) 민주주의'를 제시하고 있다. 반복하면, 신공화주의는 자유를 타자를 소외시키는 통제(control)의 부재로 정의하면서, 통제는 의도적 간섭과 함께 발생하지만 국가의 의도적 간섭이 비지배 자유의 방해물이 아니라는 논리를 내세우고 있는 것이다. 물론 그 국가가 헌정적으로, 민주적으로 조직되어 시민의 지지를 받아야 한다는 것이 전제다. 국가가 중립자, 보호자 역할을 할 수 있기 위해서는 시민의 견제가 필수다. 국가가 간섭과 함께 갈 수 있는 비지배 자유 구상이 바로 신공화주의가 자유주의보다 급진적 정치 철학임을 보여 주는 지점이다(필립 페팃 · 곽준혁, 2009).

페팃의 희망적 사고가 투사된 행위자로서 '기능적(functional) 국가'(Pettit, 2023)는 지배를 제거하기 위해 다음의 세 가지를 제공하는 것으로 설정된다.[37] 첫째, 국가는 권력자의 자원에 맞서 무력자에게 '보호(protection)'를 제공한다. 즉, 인민에게 집합적, 대항하는 권력의 제공이다. 법의 지배, 형사 사법 체제와 같은 것을 통해서다. 국가주의의 절대주의적 형태와 반대의 길이다. 둘째, 국가는

---

37) 가라타니 고진(2006/2007)은 미국의 언어 철학자 촘스키(Noam Chomsky)를 인용해 선진 자본주의 국가를 평등과 불평등, 통제와 자유 두 축으로 신자유주의, 복지국가(사회민주주의), 국가 사회주의, 자유지상주의적 사회주의 등의 네 국가 형태로 도출한다. 페팃의 기능적 국가는, 불평등과 통제가 결합된 복지국가 또는 사회민주주의에 가깝다.

권력자가 타인들을 복속시키기 위해 사용할 수 있는 자원의 소유 또는 사용을 '규제'한다. 즉, 개인의 권리들을 인정하고 존중하자는 취지다. 민주적 선거, 공직의 임기 설정, 노동자 보호법과 같은 수단을 통해서다. 급진적 자유 지상주의(libertarianism)와 반대의 길이다. 셋째, 국가는 자유방임주의와 달리 시장 경제에 생산적으로 개입할 능력을 가진다.[38] 무력자가 지배에 저항할 수 있는 위치를 향상시키기 위한 조치다. 보편 교육의 제공, 사회 보장, 의료 보험 등과 같은 수단을 통해서다. 신공화주의가 무조건적 권리로 보편적 기본소득을 주장하는 것도 정치적 시민권 및 자력화와 연계된 제안이다(권정임, 2016; 조석주, 2021; Pettit, 2007).

우리는 다음 단계로 신공화주의적 기획의 국가들의 세계로의 확장을 상상해 볼 수 있다. 일국적 기획이 국제적 기획으로 확장될 수 있을 것으로 가정해 보자. 두 경로를 생각해 볼 수 있다. 하나는 현재의 국가가 상당 기간 존속

---

38) 시장은 비간섭 자유의 전형적 체계로 간주된다. 비지배 자유의 시각에서는 시장과 연관된 소유, 교환, 규제 등에 대한 규범적 제한이 필요하다. 그러나 신공화주의는 맑스주의와 달리 소유와 과세 등이 절도라고 생각하지 않는다(Pettit, 2006).

한다는 것을 전제로 국가들의 상위에 국가들의 국가가 생기는 경로다. 다른 한편으로 현재의 국가들이 해체되고 세계 국가가 만들어지는 경로다. 페팃과 가라타니 고진 모두 맑스주의자들이 상상했던 국가의 사멸은 상당 기간 발생하지 않을 것으로 생각하고 있다(柄谷行人, 2006/2007; Pettit, 2023).[39] 그러면, 일국적 수준에서 설계된 신공화주의의 규범적 제도적 연구 프로그램에서, 사람(person)을 홉스적 의미에서 '국가-사람(state person)'으로, 국가를 국가들의 국가인 '세계 국가(world state)'로, 시민을 세계 국가 내의 국가들이 시민의 역할을 하는 '국가-시민(state citizen)'으로 바꿀 수 있다. 가상의 사유실험이다.

(1) 주인(master, *dominus*)을 가지지 않는 자유로운 '국가-사람'에 대한 구상.

---

39) 페팃은, 어떤 인민도 국가 없이 살기를 희망하지 않고, 어떤 정권도 다른 정권을 소멸시킬 수 있을 정도로 강하지 않으며, 인민들 사이의 불신(distrust)이 세계 정부를 지지하는 구속력 있는, 지속 가능한 계약 형성을 막을 가능성이 높다고 생각한다(Pettit, 2023). 반면, 가라타니 고진은 국가의 존재 자체가 단수로서의 국가가 아니라 복수로서의 국가들에 의존하기 때문에 세계 혁명에 의해 국가들이 동시에 사라지지 않는 한 국가는 상당 기간 존속할 수밖에 없다고 생각한다(柄谷行人, 2006/2007).

(2) 지배하지 않는 세계 국가, 지배로부터 세계 국가의 국가-시민의 자유를 증진하는 '자유로운 세계 국가'에 대한 구상.

(3) 세계 국가가 지배에 맞서 비지배하는 보호자로서 역할을 하게끔 하는 '좋은 국가-시민의 자격'에 대한 구상.

위의 가상의 정식화에는 몇 가지 근본적 쟁점들이 담겨 있다.

첫째, 국가가 사람처럼 비지배 자유를 향유할 수 있는 행위자로 간주될 수 있는지의 여부다. 사람은 일정한 공동체 안에서 회원 자격을 가지는 주체고, 사람됨은 일종의 자격이며 타인의 인정을 필요로 한다(김현경, 2015). 국가-사람에게도 동일한 원칙을 적용해 볼 수 있다. 어떤 사람의 '사람됨(personhood)'이, 사람 내부로부터 나오는 의도성(intentionality), 행동의 일관성을 가진 유기체(organism), 주체적 경험을 할 수 있는 능력인 의식(consciousness)이라면, 국가도 그 조건 또는 질적 특성을 가지고 있는지를 생각해 볼 수 있다(Wendt, 2004). 국가도 사람처럼 안과 밖에서 오는 위협 때문에 '존재론적 불안(ontological insecurity)'을 느끼는 심리적 존재라면(댄가즌 · 구갑우, 2024; 은용수, 2024), 국가도 비지배 자유를 향유할 수 있는 주체가 될 수 있다. 물론, 국가는 사람과 같은 인격체처럼, 권력자조차 자신을 위험에 빠지게 할 수 있는 수면 상태에 들어가지는 않는다. 따라서 국가들의 세계에서는 권력자와 무력자의 불균형이 수정될 수 있는 조건이 마련되지 않을 수 있다. 국가들의 세계에서도 비동맹운동처럼 약소국들이 연합해 강대국에 대항할 수 있지만, 우리는 아직 약소국의 연합이 강대국과 평등한 권력을 향유한 경험을 가지고 있지 않다. 물론 유엔 총회에서는 실행력은 없지만 약소국 연합의 이해를 반영한 결의안들이 통과되곤 했다. 국가들의 세계에서 지배-피지배 관계가, 과거 영토적 제국주의 시대에는 물리력의 직접 행사를 통해 국가를 사망시키는 식민지 건설의 방식으로, 2차 세계대전 이후의 비영토적 제국주의 시대에는 강대국이 약소국의 주권(sovereignty)을 '자의적으로' 침해하는 형태로 나타나고 있다. 국경을 가로지르는 초국적, 다국적 기업도 국가들의 자유를 제약하는 비국가 행위자다(Laborde & Ronzoni, 2016).

둘째, 국가가 페팃의 기능적 국가처럼 그의 시민에게 보호, 규제, 자력화 등을 제공하는 중립자, 보호자가 되기 위해서는 국가의 자의적 권력의 행사를 막는 시민적 견제 장치가 있어야 한다. 가라타니 고진이 교환 양식으로서 국가를 약탈과 재분배의 교환으로 정의할 때, 페팃은 국가의 자의적 통제인 약탈을 비자의적 통제로 전환시킬 수 있는 기제를 그의 국가론 내부에 설치해 놓고 있는 상태다. 국가가 '계급 지배'의 도구라고 한 맑스적 국가론과 달리 국가를 정체와 동일시하는 페팃은 개인의 비지배 자유를 증진 · 보호하는 중립자로 바꾸어 놓고 있다. 지배를 최소화하는 일을 하나의 제도적 구조인 국가에만 맡기는 것도 한계적일 수 있다(Watkins, 2015). 달리 표현하면, 국가들의 세계는 서로 다른 정체들의 세계로 해석될 소지를 가지고 있다(Ferguson & Mansbach, 2008).

셋째, 국가가 비지배 자유의 주체가 되더라도 그 자유를 증진시켜 줄 수 있는 권력을 소유하고 행사할 수 있는 세계 국가가 현재 국가들의 세계에는 없다. 세계 국가가 없는 상태에서 국가-시민도 성립될 수 없는 개념이다. 세계 국가의 유사 형태라고 할 수 있는 유엔은 '국가가 되는 조건 또는 질적 특성(statehood)'을 결여하고 있다. 유엔 총회에서는 국가들의 상호 인정에 기초해 마치 '국가-사람들'이 평등하게 일국일표를 행사하는 공론장의 역할을 하고 있는 것처럼 보이지만, 현 유엔 기구들 가운데 총회는 무력자에 가깝다. 권력자들의 기구인 유엔 안전보장이사회에서는 5개의 핵 국가들의 권력 정치(power politics)가 작동하고 있다. 유엔 총회는 유엔 안전보장이사회를 견제할 능력을 결여하고 있다. 세계 국가가 부재한 상황에서 국가-시민 이 아닌 세계 시민 또는 지구 시민의 개념이 성립될 수 있는지는 논란의 대상이다. 국경을 가로지르는 시민 사회의 국제 연대를 상상해 볼 수는 있다. 국가 없는 시민 사회의 가능성 또한 이론적 쟁점이다. 따라서 위의 가상의 정식화에서 (2)와 (3)이 제도적 이상으로 설정될 수 없을 수도 있다.

신공화주의적 기획을 국제적 수준으로 확장하는 문제를 둘러싸고, 신공화주의적 진영 내에서 분화가 발생하고 있다. 비지배 자유, 비지배 평화를 향유할 주체 설정과 관련해 두 경로가 제시되고 있다.[40)]

첫째, 페팃의 과거 사유에서 보여 주었던 한 길에서는 국가들의 세계에서 구성원인 국가가 평등하게 비지배 자

---

40) 듀드니(Deudney, 2007)는 공화주의적 안보 이론의 구성에서 규범적 이상으로 "정치적 폭력으로부터 안보와 상호 자제(mutual restraint)"를 제시한다. 소극적 자유의 한 형태인 폭력으로부터 자유는 비지배 평화만큼이나 국제 관계의 공화화를 위한 규범적·규제적 이상일 수 있다. 다양한 국제 관계의 공화화 기획들에 대한 고민은 다음 연구로 미룬다. 예를 들어 오누프(Onuf, 1998)의 저서에는 국제 관계 이론에서 공화주의로 가는 길에 대한 고려가 담겨 있다.

유를 향유하는 주체로 설정되지 않는다.[41] 페팃의 국제적 설계에서 '회원 자격'은 평등하지 않고, 위계적이다. 진보적 자유주의자 롤스가 국제적 정의론을 구성하면서, '포용적(inclusive)' 국내적 정의론과 달리 배제의 대상으로 '무법 국가들(outlaw states)'을 발명한 것처럼(Rawls, 1993/2017), 페팃도 '비대의제적(non-representative), 비효과적(ineffective) 국가들'을 찾아낸다(Pettit, 2010b). 즉, 롤스와 페팃은 정체로서의 국가들의 존재론적 분리를 만든다(Rigstad, 2011). 결국 페팃은 롤스를 따라 '공화적 인민들의 법(a republican law of peoples)'을 제시한다. 국제 세계에서 지배-피지배 관계가 발생할 수 있다면, 그 주체는 집합적 주체인 인민으로 제시된다. 특히 신공화주의는 국제 정치에서 '전제 국가들'과 책임성을 결여한 '다국적 기업' 등을 국제적 수준의 군사적, 외교적, 경제적 측면에서 자의적 권력을 행사할 수 있는 위협으로 인식한다

41) 페팃은 국제 세계 행위자로 개인, 집합적 주체로서 인민들, 국가들을 고민한다(Pettit, 2010a). 페팃은 기본적으로 개인과 인민을 행위 주체로 설정하려 하지만, 사유의 전개 과정에서 비지배 자유의 행위 주체로 국가가 가지는 주권적 자유를 제한적으로 인정하게 된다(Pettit, 2014/2019, 2015). 결국, 우리는 국제 관계에서 '국가란 무엇인가?'라는 근본적 질문을 다시금 하게 된다.

(Lovett & Pettit, 2009). 사실상 비서구에서 발생한 '탈식민적 공화주의'(Ramgotra, 2017)를 인정하지 않는 오리엔탈리즘을 내면화한 이론의 전개다. 결국 논리의 귀결은 대의제 국가와 인민들 사이에서 비지배 평화를 보호 · 증진하는 '지구화된 주권(globalized sovereignty)'의 이상으로 향하게 된다(Pettit, 2014/2019; Thomas, 2015), 그리고 페팃은 '비지배하는 대의제 국가들'이 비효과적, 비대의제 국가들에 간섭해야 하는가라는 쟁점을 제기한다. 세계 국가는 아니지만 국제 제도와 공동의 국제 담론 개발을 통해 서로 비지배적 해결책을 찾기 위해 노력할 것을 제안하는 것이다. 그러나 그 국제 제도의 회원 자격이 대의제 국가들로 한정될 때, 결국은 이른바 민주 국가의 비민주 국가에 대한 폭력적 개입을 정당화하는 민주 평화론과 다를 바 없게 되는 사태가 발생한다. 페팃의 말을 빌리면, 유토피아적 코스모폴리탄 정의와 베스트팔렌 체제의 규범인 비개입(non-intervention)이라는 회의적 이상의 중간 길이다.[42]

---

42) 제국주의를 옹호하는 공화주의적 전통도 존재한다(Bell, 2010). 국내적 국가 형태인 공화정이 국제적 수준의 지배를 제어하는 기능을 수행하지 않을 수도 있다. 비공화정을 공화화하는 것이 공화정의

둘째, 1등 국가와 2등 국가를 구분하는 페팃의 길과 다른 길에 대한 설계도 신공화주의 내부에 존재한다. 스키너는 국내적 수준에서 신공화주의적 기획이 국제적 수준에서 어떤 국가도 다른 국가를 지배하지 말아야 하며 지배를 추구하지 말아야 한다는 강력한 원리와 공존해야 한다고 주장한다(Skinner, 2010). 이 원리는 국가들이 상호 존중과 평등한 존중의 세계에 살기 위한 전제 조건으로 제시된다. 이 주장은 '포용적인' 공화적 인민들의 법이 가능하기

임무로 정당화될 수 있다. 물론 페팃은 국제적 수준에서 상호적 권력 전략이 지배로서의 평화를 야기할 가능성을 처음부터 생각하고 있었다(Pettit, 1997). 로벳과 페팃은 듀드니(2007)를 인용하면서, 과거 공화적 국가들은 적대적 외부 환경 때문에 국내의 공화적 제도들이 타격을 받을 것을 우려해 미국처럼 더 큰 연방공화국을 만들거나 공화국 사이의 동맹 네트워크를 만드는 방식으로 대응했다고 주장하기도 한다(Lovett & Pettit, 2009). 페팃(Pettit, 2014/2019, 2015)은 그의 공화적 인민들의 법을 재론하면서, 비지배 자유의 주체로서 국가를 인정한다. 국가가 가지는 '주권적 자유(sovereign liberties)'를 인정하게 되면, 지배를 생산하지 않는 신공화주의적 국제 관계를 상상하게 될 수도 있다. 단, 페팃에 따르면 그 주권적 자유는 개인의 자유를 침해하지 않는 한에서 인정될 수 있다. 페팃의 이 부분적 전향이 근본적 전향인지의 여부는 앞으로의 연구 과제로 남겨 둔다. 페팃이 이 이론적 고민을 미봉하는 모습은 "Buckiinx, Trejo-Mathys, and Waligore"(2014)에서 확인할 수 있다.

위해서는 모든 국가를 인정해야 한다는 구체적 방안으로 확대된다(Gädeke, 2016). 북한 · 중국과 같은 국가들을 있는 그대로 비지배적 자유를 향유할 수 있는 주체로 인정하자는 것이다(이혜정, 2024). 이 인정은 국제적 수준에서 비지배 자유를 비지배 평화로 해석할 때, 모순적 표현이지만 규제적 이상으로서의 제1원칙이 되어야 한다. 즉, 페팃의 비지배 자유는 국가와 국제 질서에도 기본 교리로 적용되어야 한다는 생각이다(Thomas, 2015). 우리는 국제적 수준에서 지배의 추구가 전쟁을 발생시키는 원인이라고 생각한다. 예를 들어, 러시아-우크라이나 전쟁은 동유럽 지역에서 지배를 추구해 왔던 미국과 러시아 간 갈등의 소산이다. 결국, 마치 피지배국처럼 전장이 주로 자신의 영토 내부인 까닭에 우크라이나 인민들의 비지배 자유가 극단적으로 손상되고 있다(Ronzoni, 2015).

스키너의 경로는 국제적 수준에서 비지배 자유, 비지배 평화를 위한 제도의 설계로 나아가고 있다. 일국적 신공화주의의 기획처럼, 지구적, 국제적, 지역적 수준의 국제 제도가 국가들과 국가들 안의 구성원의 비지배 자유, 비지배 평화 증진이 목적이다. 모든 국가를 있는 그대로 인정하는 것을 출발점으로 한 지구적 제도 건설의 설계 원칙은 과도한 권력의 집중 피하기, 비공식적 비대칭적 권력을 제도적 통제하에 두기, 적극적이고 항상 경계하는 시민들을 강화하기 등이 제시된다(Ronzoni, 2017). 물론 일국적 차원의 제도적 이상의 설계와는 다른 형태다. 핵심 쟁점은 여전히 국내적 수준의 국가와 같은 세계 국가가 탄생할지의 여부다(박건영, 2024). 이 제도 설계의 세 원칙이 코스모폴리탄 제도적 질서의 건설인지 국가들의 세계를 유지하는 것인지는 불분명하다. 그럼에도 현재 우리가 공유할 수 있는 비지배 평화를 위한 잠정적 제도 설계의 방향이다.

규범적, 규제적 이상으로서 비지배 한반도: 이론의 적용

1945년 8월 2차 세계 대전이 종료되면서 패전국 일본의 식민지였던 한반도를 미군과 소련군이 '자의적으로' 분할 · 점령했다. 그리고 1948년 8월에 대한민국(Republic of Korea), 9월에 조선민주주의인민공화국(Democratic People's Republic of Korea) 두 국가가 한반도에 출현했다. 두 국가 모두 이름에 '공화국'을 담고 있다. 왜 탈식민(post-colonial) 국가 한국과 조선은 국호에 공화국을 담게 되었을까? 한국과 조선 모두 국가 이름을 지을 때 공화국의 정체는 가지고 싶어 했다는 점이야말로 주목의 대상이다(강응천, 2019).

대한민국 헌법 제1조는 대한민국을 민주 공화국으로 규정한다. 이 민주 공화국은 1919년 4월 '대한민국 임시헌장'을 계승한 것이었다. 임시정부의 민주 공화국에서는 공화국 구성원 사이의 '균등'이 강조되었다(이기호, 2024). 그러나 민주 공화국 개념은 경험 공간과 기대 지평에 따라 다양하게 해석되어 왔다. 2008년 촛불 시위 이후에는 민주 공화국 가운데 공화국에 방점이 찍혔다. 신공화주의적 시각에서 민주 공화국을 어떻게 정의할 것인가? 비지배 자유를 한국판 공화주의의 규범적 · 규제적 이상으로 설정할 수 있을까? 신자유주의가 초래한 정치 경제적 양극화 속에서, 민주주의가 전제주의화 되고 있는 한국의 현실에서 공화주의가 정치 · 사회 세력을 호명하는 규범적 · 제도적 프로그램이 될 수 있을 것인가?

조선민주주의인민공화국도 국호에 '민주 공화국'을 담고 있다. 복수의 정의가 경쟁하지 않는 조선에서 공화국에 대한 독점적 정의는, "국가의 최고 권력이 정기적으로 선거되는 대표기관에 속하고 그에 의하여 립법권이 행사되는 국가정치제도"다. "공화제의 본질적특징"으로는 "법에 규정된 기간에 따라 실시된 선거에서 당선된 사람들로 국가의 최고주권기관이 조직된다는데 있다"가 언급된다(김상현 · 김광헌, 1957). 물론, 조선에서는 일상어로 자신을 공화국으로 호칭하자고 그 어느 국가보다 공화국이란 용어를 빈번하게 사용하지만, 조선이 실질적으로 공화국인가에 대해서는 의문이 제기되곤 한다. 북한 특유의 수령제는 공화정과 대척에 있는 참주정으로 해석되기도 한다(채진원, 2014).

1950년 6월 발발한 한국전쟁은 내전이자 국제전이었다. 조선은 조국 해방 전쟁이란 미명하에 '자의적으로' 대한민국을 점령하고자 시도했다. 미국과 중국이 내전에 개입하면서 한국전쟁은 국제전으로 비화되었다. 한국과 조선 모두 국제전 상황에서 작전지휘권을 유엔군과 중국군에 이양했다. 국가의 주권적 자유의 일부를 이양한 것이다. 1953년 7월 서로 합의에 의해 전쟁을 중단하는 '정전협정(armistice agreement)'이 체결되었다. 정전 협정 4조 60항에 따르면, 한반도에서 외국군 철수와 평화 정착을 위한 정치 회담을 개최해야 했다. 한반도 평화 프로세스가 진행되어야 하는 국제법적 근거다. 이후, 1954년 제네바 정치회담이 개최된 이후 한반도에서는 반복적으로 평화 프로세스가 있었다. 즉, 정전 협정에 근거해 규범적 · 규제적 이상으로서 한반도 평화를 구체화하기 위한 논의가 있어 왔다. 가까운 과거가 2018~2019년 한반도 평화 프로세스였다.

정전 협정 체결과 더불어 1953년 10월 한국은 미국과 군사 동맹을 체결했고, 조선은 1961년 7월 소련 · 중국과 동맹을 체결했다. 한국과 조선이 체결한 두 동맹 모두 '공화국들'이 외부의 위협에 맞서는 외적 힘의 균형 정책이었다. 한미 동맹과 조소 동맹에는 한국과 조선에 대한 미국과 소련의 핵우산 제공이 담겼다. 한미 동맹은, 안보와 자율성의 교환 형태로 미국이 한국의 주권을 침해하는 미군의 한국 주둔을 상호 협정을 통해 정당화했다. 조소 · 조중 동맹은 소련군과 중국군의 조선주둔을 담고 있지 않았다. 당시 미국은 한미 동맹을 통해 한국과 조선이 전쟁을 하지 못하게 하는 이중 억제의 의도를 가지고 있었다. 반면, 조중 동맹은 전쟁 발생 시 자동 개입 조항을 가지고 있다는 점에서 한미 동맹과 차이가 있었다. 조중 동맹도 외적 균형을 위한 것이었지만, 중국이 조선의 자율성을 결박하는(tethering) 동맹이기도 했다(최명해, 2009).

강대국과 약소국이 체결하는 군사 동맹이 지배-피지배 관계인가가 쟁점이 될 수 있다. 1958년 2월 중국군 철수를 발표한 조선의 정부 성명에서는 조선은 미군의 한국 주둔을 '강점'으로 표현했다. 신공화주의적 시각에 따르면 미국이 한국에, 중국이 조선에 '자의적으로' 간섭하고 있느냐를 따져 보아야 한다. 한미가 서로 합의한 국제 제도인 한미상호방위조약에 근거한 간섭은 정당하다고 할 수 있겠지만, 한국의 군사적 주권을 침해하는 한미 동맹은 한국 시민 사회와 조선의 저항에 부딪히곤 했다. 중국과 조선의 관계도 군사 동맹을 체결했음에도 주기적 갈등에 직면하곤 했다. 미군이 한국에 주둔하고 있는 조건하에서 '한반도 갈등'은 한미 대 조선의 2:1 게임이 되곤 했다. 물론 냉전 시대 한반도 시공간 복합체에서 소련과 중국은 한국을, 미국과 일본은 조선을 공식적으로 인정하지 않았다.

한국과 조선은 외적 세력 균형 정책인 동맹 체결 이후, 내적 세력 균형 정책인 자주 국방의 길도 갔다. 정전 협정과 한국과 조선의 내적·외적 세력 균형 정책이 결합된 한반도 정전 체제(armistice regime)는, 한반도에서 간헐적 국지적 무력 충돌은 있었지만 전면전과 같은 혼돈이 억제되는 안정(stability) 또는 소극적(negative) 평화에 근접하는 제도적 장치였다. 즉, 정전 체제는 체제 자체의 격동을 야기할 수 있는 돌발 변수의 등장이 있지 않는 한 균형과 제도적 견고로 정의될 수 있는 안정의 상태였다.

지구적 수준에서 냉전의 해체로 한반도 정전 체제가 격동에 진입하는 정세하에서, 한국과 조선은 1991년 9월 유엔에 개별 국가로 가입했다. 즉, 한반도에 두 국가가 있다는 '국제적 인정'이 이루어졌다. 거의 동시라고 할 수 있는 시점인 1991년 12월, 한국과 조선은 남북 관계가 나라와 나라 사이의 관계가 아니라 통일을 지향하는 과정에서 잠정적으로 형성되는 '특수 관계'라고 합의했다. 가라타니 고진의 교환 양식론을 원용한다면(柄谷行人, 2006/2007), 민족 내부의 특수 관계에서는 증여와 답례가 핵심적 교환 양식일 수 있다. 반면, 두 국가 관계의 교환 양식은 상품 교환이다. 국제 정치학적으로 용어를 쓰면, 전자는 포괄적 상호주의(diffuse reciprocity), 후자는 엄격한 상호주의(specific reciprocity)와 같은 것이다(Koehane, 1986). 국제적 인정과 남북의 상호 인정이 이루어졌지만, 정전 체제가 유지되고 있기 때문에 적과 친구라는 두 정체성이 상호주의의 형태에 영향을 미칠 수밖에 없었다.

1991년 즈음은, 조선이 사회주의권 붕괴 이후 '지배의 극단적 형태'인 흡수 통일의 공포를 느끼고 있던 시점이다. 1990년대 초반 한국은 소련 · 중국과 수교의 방식으로 상호 인정을 했지만, 조선은 미국 · 일본과 수교하지 못했다. 비대칭적 상호 인정의 결과, 한반도에서 조선 발 세 번째 핵 문제가 발생했다. 첫 번째 핵 문제는 한국전쟁에서 핵무기를 사용하지 않았던 미국이 1958년경 한국에 전술 핵무기를 배치하며 발생했고, 두 번째 핵 문제는 1970년대 발생한 한국의 핵무기 개발 시도였다. 조선의 핵 개발은 힘의 균형을 맞추려는 시도이면서, 동시에 핵무기를 매개로 한 인정 투쟁이기도 했다.

현재까지도 미국과 일본이 조선을 공식적으로 인정하지 않는 상황에서, 조선은 미국 본토를 타격할 수 있는 핵능력 고도화를 추진하고 있다. 상대의 핵 공격에 핵 공격으로 맞설 수 있는 반격 능력을 포함해서다. 역사상 유례가 없는 약소국의 미국에 대한 저항이다. NPT 체제 밖에서 핵무기를 만든 국가들 가운데 미국 본토를 공격할 수도 있다는 의지를 밝힌 국가는 없다. 조선은 주변 국가를 공격할 수 있는 전술 핵무기도 개발하고 있다.

조선은 핵 개발을 하면서 그 외의 선택지를 남기지 않기 위해 스스로에게 족쇄를 거는 선택을 했다. 핵 개발 이후에는 2013년 헌법에 핵국가를 명시했고, 2022년 9월 러시아-우크라이나 전쟁의 와중에는 핵의 선제 사용과 비핵국가에 대한 핵 공격을 담은 국내법, 「핵무력정책에 대하여」를 채택했다. 한국전쟁 관련 당사자들로부터 인정을 받지 못하는 조건에서, 조선은 인정 투쟁의 국내적 토대를 마련하기 위해 노력하고 있다. 조선의 '우리 국가제일주의'는 탈식민적 인정 투쟁을 보여 주는 서사다.

조선의 핵 개발에 대해 미국과 중국이 참여한 유엔 안전보장이사회가 조선에 가하는 경제 제재를 자의적, 부당한 지배라고 조선은 생각하고 있다. 조선의 대러시아 밀착도 부분적이지만 유엔 안전보장이사회의 대북 제재 때문이라고 할 수 있다. 조선은 미국과 '평등한' 관계로 상호 인정할 것을 요구하는 담론을 구사해 왔다. 2022년 2월 러시아의 우크라이나 침공으로 시작된 전쟁은 조선이 러시아로부터 최초로 핵 국가로 공식 인정을 받는 계기가 되었다. 더 나아가 2024년 6월 북한은 러시아와의 군사 동맹을 복원했다. 조선의 두 국가 선언은 러시아-우크라이나 전쟁과 무관하지 않다. 러시아-우크라이나 전쟁을 계기로 SK 방산과 NK 방산이 경쟁하고 있다는 점도 주목의 대상이다. 전장에서는 부분적이지만, 한국산 무기와 조선산 무기가 싸우고 있다. 한반도가 아닌 우크라이나에서 한국과 조선이 싸우고 있는 형국이다.

한미 대 조선이 핵 기반 동맹과 핵 능력 고도화로 대립하고 있는 사태까지 가게 된 이유가 무엇인지 우리는 생각해 보아야 한다. 2018~2019년 한반도 평화 프로세스의 좌초 원인에 대한 반성은 현 정세를 이해하는 데 도움을 줄 수 있다. 몇 가지 반성의 지점이 있다. 첫째, 한반도의 중단기 미래에 대한 한국과 조선 내부의 합의, 미국 · 중국 · 일본 · 러시아 등과의 합의가 있었는지 의문이다. 둘째, 전략국가를 선언한 조선이 핵 군축 협상으로 평화 프로세스에 임했다는 사실도 고려의 대상이다. 한미가 조선의 의도를 이해하고 평화 프로세스에 참여했는가를 생각해 볼 필요가 있다. 셋째, 한국과 조선은 군비 증강을 과도하게 경제학적 측면에서 생각하지 않았는가를 반성해 볼 필요가 있다. 군비 증강은 성장, 고용, 지역 발전 등의 측면에서 경제적 이익을 제고하겠지만, 전쟁으로까지 이어질 수 있는 안보 딜레마를 생산할 수 있다. 넷째, 군비 증강의 심리학에 대한 고려가 부재했다. 신공화주의적 시각에서 한국과 조선 모두 군비 증강에 찬성하는 여론이 비지배 자유를 제약할 수 있음을 생각해야 했다. 다섯째, 한국과 조선이 가질 수 있는 국가 행동의 자율성 문제다. 미중 관계가 주는 제약에서 벗어날 수 있는 남북 관계를 만들 수 있는 능력의 문제로, 한국과 조선은 남북 관계를 공화화할 수 있는 최소한의 자율성 확보에 실패했다.

한반도 평화 프로세스의 실패를 반성하며, 신공화주의에서 도출한 규범적 · 규제적 이상으로서 '비지배 한반도'는 새롭게 한반도 평화를 상상 또는 설계할 때 한국과 조선 모두에게 실천 지침을 제공할 수 있다.

첫째, '국내적 수준'에서는, 지배의 물리적 · 경제적 동력인 '전쟁 체제(war-system)'의 폐지로 갈 수 있는 '국가의 전환'과 그것을 견인할 시민적 견제 능력의 제고다. 군산복합체가 남북 모두에서 경제 성장의 동력으로 이해되는 한, 교류 협력의 파급 효과는 군비 경쟁에 의해 제약될 수밖에 없다(정영신 · 김민환, 2024). 공화주의적 전환이 남북에 함께 있어야 하는 이유다. 물론 우리는 그 전환을 어떻게 만들 수 있는지 알지 못한다. 그럼에도 규범적 · 규제적 이상인 비지배 자유는 우리에게 그 상상을 할 수 있게 만드는 단초다. 한국 국내적 수준에서는 비지배 평화를 규제적 이상으로 만들 수 있는 심의 민주주의의 한 형태로 탈정치화된 '대북정책공론화위원회'의 구성과 같은 생각도 해 본다. 보다 구체적으로는, 통일부 장관을 야당이 맡는 협치의 제도화도 생각해 볼 수 있다(구갑우, 2021).

둘째, '한반도적 수준'에서는 전쟁을 예방할 수 있는 상호 인정에 기반한 제도적 장치의 마련이 필요하다. 1991년 김대중이 제안한 통일의 제1단계로 제시한 전쟁 예방을 위한 사실상의 평화 체제인 두 공화국의 결합 '공화국 연합제'를 재고해 볼 필요가 있다(김대중, 1991). 우리의 상식인 교류 협력으로부터 시작한 남북 관계에 대한 전복적 사고다. 지배 관계를 제거하고자 하는 평화 공존의 제도화가 평화 교류, 평화 통일보다 앞에 나오는 상상력을 다시 한번 생각해 보자는 것이다. 이론적으로 표현하자면, 남북 관계의 공화화가 남북 내부의 공화화를 추동하는 경로의 설정이다. 한반도 수준의 합의를 남북 국내 정치에서 비준 동의하는 것도 남북 내부 공화화의 한 길이다.

셋째, '국제적 수준'에서는 남북 관계가 미중 관계의 종속 변수가 되는 사태의 예방이다. 역으로 남북 관계가 한반도 주변 국가들의 협력을 촉진할 수 있는 방안에 대한 상상 또는 설계다. 국제 관계의 공화화, 즉 비지배 평화를 위한 지역 차원과 한반도 차원의, 국가들의 국제 제도와 시민사회들의 국제 제도 건설과 같은 과제들이다.

한반도 핵 시대, 한반도 평화의 향방과 설계: 무엇을 할 것인가?

한반도에서 남북 권력 자원의 비대칭은 현저하다.

KDI 통계에 따르면, 조선의 명목 국내총생산(GDP)은 2020년 기준 한국의 1.8%에 불과하다. 물론 조선의 통계가 정치적 필요에 의해 과소 추정되었을 수 있다. 그 불가피한 정치적 고려에도 불구하고 이 차이는 남북 관계가 대칭적 관계가 아님을 생각하게끔 하는 수치다. 2021년 기준 미국 국무부가 추정한 통계에 따르면, 조선은 GDP 대비 26.4% 가량을 군사비로 지출했고, 한국은 2.7% 정도다. 그럼에도 GDP 차이에서 볼 수 있듯이 조선은 한국의 1/10 정도의 군사비를 지출하고 있다. 군사비 투자 누계 비교와 주한 미군의 전력을 고려한다면, 남북의 차이는 기하급수적으로 벌어진다. 조선의 핵무장은 페팃의 표현을 빌면 상호적 권력 전략으로 힘의 비대칭을 극복하려는 시도다.

남북의 권력 불균형은 한반도에서 지배 관계를 생산할 수도 있다.

권력의 불균형 상태에서 한국과 조선은 타자에 대한 지배 또는 비지배를 규범적 · 규제적 이상으로 삼을 수 있다. 일방의 타방에 대한 지배는 한반도에서 흡수 통일과 경제적 식민지화로 나타날 수 있다. 반면, 비지배는 암묵적 또는 명시적 인정이 수반된 다양한 형태의 공존일 수 있다. 지배 또는 비지배를 상상 또는 설계하며 한국과 조선이 서로에 대해 선택할 수 있는 정책은 전쟁, 힘에 기초한 강제(compellence)와 억제(deterrence)를 포함하는 강압(coercion), 상대방에 대한 양보를 포함하는 유화(appeasement), 무시 등이 있을 수 있다.

이 가운데, 무시는 전쟁을 잠시 중단한 정전 체제하에서는 불가능한 선택에 가깝다.

정전 체제의 상징인 비무장지대(DMZ)나 공동경비구역(JSA)과 같은 물리적 장치는 서로가 원하든 원하지 않던 '공동 관리'해야 하는 영역이기 때문이다. 조선의 김여정 조선로동당 부부장이 2022년 8월 19일 "제발 좀 서로 의식하지 말며 살았으면 하는 것이 간절한 소원이다"라고 말하기까지 했지만, 그 발언 자체가 2022년 8월 15일 한국 정부가 "비핵 · 평화 · 번영의 한반도"를 위한 "담대한 구상"에 대한 반응이었다. 즉, 한국과 조선의 '담론의 상호 의존'을 보여 주는 지표다. 담론의 상호 의존은 2018~2019년 한반도 평화 프로세스 실패 이후 한반도에서 '간접적 소통'의 한 형태로 정착되었다. 한국과 조선이 자신의 안보만을 위한 독자적 국방 정책을 실행한다고 해도 서로의 정책에 영향을 미치게 되는, '정책의 상호 의존'도 발생할 수밖에 없다. 예를 들어, 서로를 적으로 규정하는 정전 체제하에서 일방의 군비 증강은 정책의 상호 의존이 초래하는 안보 딜레마(security dilemma)를 생산한다.

전쟁은 무시보다 한국과 조선이 선택하기 어려운 정책이다.

한반도 핵 시대에 한반도 전쟁은 핵전쟁으로 비화될 수 있다. 전면전은 최우선의 '회피 미래'다. 그러나 전면전은 전쟁 체제를 구성하는 이익 집단의 '의도' 때문에 발생할 수도 있다. 또는 작은 군사적 충돌의 '우연'과 결합하면서 전면전으로 확대될 수 있다. 2005년 12월 노벨경제학상을 수상한 토머스 셸링(Thomas Schelling, 1921~2016)은 기념강연 "놀라울 따름인 60년: 히로시마의 유산"에서 1945년 8월 미국이 일본의 히로시마와 나가사키에 핵무기를 투하한 이후 핵전쟁이 발생하지 않은 이유로, 핵무기 사용을 '금기(taboo)'로 생각하는 인간의 의식과 공포의 균형을 가능하게 하는 '억제(deterrence)'를 들었다. 셸링의 연설에서 주목 사항 하나는, 핵무기를 전장에서 사용 가능한 재래식(conventional) 무기로 만들고자 하는 유혹이 미국의 정책 결정자들에게 있었다는 지적이다. 우리가 인간이 스스로 만든 금기보다는, 상대방이 핵전쟁을 시도한다면 핵무기로 보복과 응징을 하겠다는 조건부 의사 표현인 강압의 한 형태인 억제에 의존할 수밖에 없는 이유다. 그러나 신공화주의적 시각을 한반도에 도입한다고 할 때, 우리는 현실의 억제를 넘어서는 규범적 · 규제적 이상을 발명해야 한다.

한반도 현 정세는 치킨 게임에서 서로의 억제력을 인정하는 균형으로 이동하고 있다.

한국과 조선 모두 힘을 통한 평화를 생각하고 있다. 서로에 대한 강압 정책의 선택이다. 서로 마주보고 달리는 자동차와 같은 치킨 게임의 형국이다. 한국 정부는 2022년 8월 15일 '북한 비핵화'를 전제 조건으로 평화와 번영의 한반도를 만들겠다고 했다. 김여정 조선로동당 부부장 명의로 나온 2022년 8월 19일 조선의 대답은 국체인 핵을 경제협력과 바꾸지 않겠다는 것이었다. 2022년 9월 최고인민회의에서는 핵 국가 지위를 '불퇴의 선'으로 규정하고 「핵무력정책에 대하여」로 법제화했다. 2023년 11월 조선이 군사 정찰 위성을 발사하자 한국은 2018년 9월 남북이 전쟁을 예방하기 위해 합의한 「군사분야합의서」 일부의 효력을 정지하였고, 조선은 국방성을 통해 「군사분야합의서」의 사문화를 선언했다. 2024년 5월 한국의 탈북민 단체 대북 전단 살포에 대해 조선은 국방성 명의로 군사적 대응이 아닌 유례가 없는 '오물 풍선' 보내겠다고 희한한 맞대응을 했다. 결국, 한국 정부는 2024년 6월 「군사분야합의서」 전체의 효력을 정지했다. 한반도에서 군사적 긴장이 고조될 수밖에 없는 상황의 도래였다. 2024년 8월 15일 한국 정부는 '북한 주민의 자유 통일에 대한 열망'을 촉진하는 방식으로 한반도 통일을 하겠다는 의사를 밝혔다. 즉, 조선 주민에 대한 '자의적 간섭'을 통해 '지배로서의 평화'를 만들겠다는 의지였다. 사실상의 흡수 통일 기획이었다. 보조적이지만 남북 당국 간 대화 협의체 설치 제안과 같은 평화적 관여도 붙었다. 조선은 무시로 응답했다.

2024년 10월 1일 국군의 날은 한국 정부가 조선을 핵 국가로 사실상 인정한 날로 기록될지도 모른다. 그날 기념사에서는 북한이 핵무기를 사용하면 한국군과 한미 동맹의 압도적 대응으로 북한 정권이 종말을 고할 것이라는 발언이 등장했다. 세계 최고 수준의 탄두 중량을 가진 한국군의 미사일 '현무-5'와 미국 공군의 전략 폭격기인 'B-1B 랜서'가 함께 등장한 날이었다. 현무-5는 벙커버스터로, 이스라엘이 지하에 있는 헤즈볼라 수장을 제거한 것보다 10배 강력한 무기로 표현되었다. 조선이 핵전쟁을 일으켰을 때, 대량 응징 보복을 위한 반격의 무기로 현무-5를 보여준 것이다. 무엇보다도 그날, 한국은 조선의 핵 공격을 '억제'하기 위해 합동참모본부 예하에 '전략사령부'를 설치했다. 비슷한 역할을 하는 조선인민군 전략군에 대한 맞대응이었다. 조선의 핵 공격을 '가정'한 한국 정부와 군의 대응은 조선을 사실상 핵 국가로 인정하는 절차의 한 단계일 수 있다. 10월 13일 한국 정부의 국방부 장관이 북한이 자살을 결심하지 않으면 전쟁을 일으키지 못한다고 한 발언은 적의 핵 공격에 대한 반격 능력이 억제의 핵심임을 다시금 확인시켜 주는 것이었다. 조선을 최초로 핵 국가로 인정한 러시아는 10월 2일 외무부 성명을 통해 한미 동맹이 핵 수준으로 강화된 상황에서 비핵화는 불가능하다고 주장한 바 있다. 그러나 한국군이 전쟁에서 승리하는 것이 목표가 아니라 전쟁을 예방하는 억제의 길을 가겠다는 것인지는 불분명한 상태다.

10월 1일 국군의 날에 보낸 한국 정부의 값 비싼 신호에 대한 조선의 반응은 10월 7일 김정은 조선로동당 총비서의 김정은국방종합대학 방문 연설이었다. 무엇보다도, 조선은 한국을 공격할 의사가 없다고 한 발언이 주목의 대상이다. 조선은 핵보유국이 되면서 현재 한반도에서 힘의 균형이 이루어졌다는 사신의 판단에 근거해서였다. 군비 경쟁이 상호적이란 취지의 발언도 있었다. 물론 힘의 균형이 파괴되면 전쟁이고, 전쟁이 발발하면 핵무기 사용을 배제하지 않겠다고 했다. '남녘해방', '무력통일'에 전혀 관심이 없다는 구설은, 2023년 12월 조선이 발표한 '적대적인 두 국가 관계, 전쟁 중에 있는 두 교전국 관계'로 남북 관계를 재정의한 것처럼, 총체적 힘의 열세 속에서 부정적 의미의 비지배 한반도에 대한 구상으로 읽힌다. 민족 내부의 특수관계가 지배의 한반도를 결과할 수 있다는 조선의 우려다. 조선은 2021년 1월 조선로동당 8차 대회에서 당 규약에 있었던 전국적 범위에서 민족해방민주주의혁명을 삭제한 바 있다. 조선 외무성의 중대 성명에 따르면, 현재 한반도에서 군사적 긴장을 고조시키고 있는 평양의 조선로동당 중앙위원회 청사 구역 상공에서 반북 전단을 살포한 무인기가 등장한 시점은 10월 3일, 9일, 10일이었다. 그럼에도 10월 7일의 김정은국방종합대학 방문 연설에서는 무인기 출현에 대한 언급은 없었다. 10월 14일 평양 상공에 등장한 무인기를 한국의 군부가 핵보유국 주권을 침해한 사건으로 정리한 조선은, 10월 15일 경의선 · 동해선 연결 도로 일부를 폭파하는 방식으로 대응했다. 한국이 무인기 보내기와 비슷한 군사적 일을 계속할 것인지, 조선이 무인기 문제에 대해 군사적 대응이라는 '결의(resolve)'를 보일지가 향후 한반도 정세를 가늠할 시금석으로 등장했었다. 김정은국방종합대학 방문 연설에서 나온, 현명한 정치가라면 한반도에서의 군사적 충돌을 막기 위해 상황 관리를 해야 한다는 김정은 총비서의 대남 발언은 조선에게도 적용되는 것이었다.[43]

---

43) 이 남북의 말과 행동의 공방은, 한국의 탄핵 정국 덕에 새롭게 밝혀져야 할 것이지만 군사적 도발을 감행했던 한국 정부의 의도를 통해 재해석될 필요가 있다. 듀드니(2007)가 공화주의적 국제 관계의 원리로 제시한 상호 자제(mutual restraint)가 일방적 자제만으로도 가능하다는 것을 보여 준 사례일 수도 있다. 비지배 평화, 비지배 한반도의 실현을 위해 선 자제를 강조하는 '평화 국가론'이 가지는 의미

상호 인정과 상호 억제는 소극적, 부정적 형태의 비지배 평화의 길이다. 안정적인 억제의 균형이 평화인지는 물론 논쟁의 대상이다(Smoke, 1984).

억제의 균형은 한반도의 행위자들이 자신들이 선택한 억제력 확보의 전략을 수정할 유인(incentive)이 없는 상태를 의미한다. 한미의 핵 기반 동맹과 핵보유국 조선과 러시아의 동맹이 맞서고 있는 정세에서 양측 모두 무장 갈등을 위한 유인이 없는 상태가 '전략적 안정(strategic stability)'으로 정의된다. 즉, 억제의 균형의 안정은 한편이 선제공격을 해도 상대가 반격할 능력을 파괴할 수 없을 때 달성될 수 있는 것이다(Schelling, 1960). 상호 강압이 비지배 평화와 같은 것을 가져오는 역설이다. 무인기와 같은 첨단 기술이 자의적 간섭을 위해 의도적으로 사용된다면, 억제의 균형과 전략적 안정이 훼손될 수밖에 없다. 2024년 9월 핵 안전을 담당하는 국제원자력기구(IAEA) 사무총장은 조선을 '사실상 핵무기 보유국(a de facto nuclear weapon possessor state)'으로 인정하는 발언을 했다.[44]

를 다시금 생각하게 한다.

44) 2024년 1월 새로이 출범한 미국의 트럼프 행정부는 조선을 '핵국가(nuclear power)'로 지칭했다. 기존 NPT 체제하에서 유엔 안전보

〈표 1〉 신공화주의적 시각에서 본 한반도 평화의 미래

	지배로서의 평화	비지배로서의 평화
강압	적대적 평화	억제의 균형의 안정
유화	기능적 평화	제도적 평화

이 국제적 인정 이후에야 핵무기의 안전을 위한 대화가 가능하다는 생각일 것이다. 더 나아가 비핵화라는 규범적 목표를 향해 가기 위한 역설적 한 단계로서 핵 국가 인정이 필요하다는 것이 그의 생각에 담겨 있었을 것이다. 사실 군사적 방법의 평화인 억제의 균형은 평화 운동의 입장에서는 수용하기 힘든 고통스러운 대안이다. 만약 그 억제의 균형에 한국의 핵무장까지 추가된다면 더더욱 고통스러울 수밖에 없다.

현재 한반도 국면에서 화해 협력 정책과 같은 과거의 유화 정책은 불가능에 가까운 기획이다.

장이사회 상임이사국이며 공식적 핵국가를 지칭하는 '핵무기국가(nuclear-weapon state)'와 구별하기 위한 조어다. 신흥 핵국가 조선을 어떻게 표현할 것인가를 고민하는 트럼프 행정부의 고육지책처럼 보인다. 2기 트럼프 행정부의 외교 정책 향방과 관련해서는, 구갑우(2024) 참조.

한반도적 맥락에서 신공화주의의 규범적 · 제도적 이상인 비지배 평화의 대척에 있는 지배로서의 평화를 한 축으로, 그리고 한반도에서 쌍방이 억제를 중심으로 한 강압과 쌍방이 화해 협력 정책과 같은 유화 정책을 한다고 했을 때, 우리는 한반도 평화의 미래를 〈표 1〉과 같은 2 × 2 매트릭스로 만들 수 있다.

현재의 상태가 강압과 지배로서의 평화가 어울린 적대적 평화다. 과거 한반도에서 실험되었던 화해 협력 정책을 통한 기능적 평화를 조선은 '제국주의' 또는 한국에의 종속, 조선의 식민화 등으로 이해했던 듯 보인다. 조선이 2국가론을 내세우면서 한국 정부가 '민주든 보수든' 흡수 통일을 추구해 왔다고 주장했을 때, 강조는 기능적 평화에 대한 부정적 인식에 있었을 것이다. 권력 자원의 비대칭이 야기할 수 있는 지배에 대한 우려였을 것으로 보인다.

신공화주의적 시각에서 규범적 이상인 비지배 평화, 비지배 한반도는 제도적 평화로 실현될 수 있다. 자의적 권력의 부재로 정의되는 비지배 자유 및 비지배 평화에 다가가기 위해서는 신공화주의가 제시했던 것처럼 남북의 국내적 차원, 한반도 차원, 국제적 차원에서 공화를 실현할 수 있는 제도를 필요로 한다. 한반도 시공간 복합체를 구성하는 양자 관계들 가운데 조미 관계, 조일 관계에서의 상호 인정과 한반도 차원에서는 김대중이 제시한 지속 가능한 평화를 위한 공화국 연합과 같은 평화 체제가 함께 선행하는 것이 한반도 평화의 길이다. 한반도 평화 체제 구축과 연계되어 있는 한반도 핵 문제 해결을 위한 대안적 제도인 한반도 비핵화 또는 동북아 비핵지대화는 한반도 평화 체제의 부분집합으로 설정되거나 한반도 평화 체제 구축과 함께 또는 따로 진행되는 별도의 과정 속에서 규범적·규제적 이상으로 설정되어야 한다. 이 제도들이 국내적 구속력, 국제적 구속력을 가질 수 있는 방안들의 설계도 필요하다. 국내적, 한반도적, 국제적 수준에서 시민들이 이 제도들을 견제할 수 있는 공론장도 마련되어야 한다. 이 이상에 가까이 가기 위해서는 신공화주의적 전환을 모색하는 정치·사회 세력들이 신공화주의의 규범적·제도적 이상이 일국적 수준뿐만 아니라 한반도적, 국제적 수준으로 확장될 수 있다는 인식을 공유해야 한다.

참고문헌

강응천(2019). 『국호로 보는 분단의 역사』. 파주: 동녘.

곽준혁(2003). 민족주의 없는 애국심과 비지배 평화원칙. 『아세아연구』, 46권 4호, 311~358.

곽준혁(2008). 왜 그리고 어떤 공화주의인가. 『아세아연구』, 51권 1호, 133~163.

곽준혁(2014). 『마키아벨리 다시 읽기』. 서울: 민음사.

구갑우(2024). 트럼프의 민중주의적 외교정책 담론과 한반도. 『수은북한경제』, 겨울호, 30~65.

김경희(2022). 공화주의와 갈등해결. 『역사와 현실』, 123호, 391~416.

김상범(2023). 국내적 정의에서 국제적 정의에 이르는 롤스 정의론의 논리 확대 과정 연구. 『윤리연구』, 142권, 389~472.

김상현 · 김광헌(1957). 『대중정치용어사전』. 평양: 조선로동당출판사.

김태경(2024). '우리'(들)의 공간으로서 한반도 문제 다시 생각하기. 『통일정책연구』, 33권 1호, 55~90.

김현경(2015). 『사람, 장소, 환대』. 서울: 문학과지성사.

권정임(2016). 신공화주의 기본소득론의 비판과 변형. 『시대와 철학』, 27권 3호, 7~52.

김대중(1991). 『공화국연합제』. 서울: 학민사.

댄가즌 · 구갑우(2024). 조선의 변화하는 핵 서사. 『한국과 국제정치』, 40권 1호, 157~188.

반길주(2024). 국제질서 변화로 부상하는 방산 지정학과 K-방산 아키텍처 구상. 『한국과 국제정치』, 40권 3호, 95～121.

박건영(2024). 『처음 만나는 국제정치학』. 서울: 사회평론아카데미.

백도현 · 신은종(2021). 작업장 공화주의와 사용자의 자의적 간섭. 『산업노동연구』, 27권 3호, 189～231.

이기호(2024). 공화주의와 제6공화국: 제7공화국을 위한 시론. 『동향과 전망』, 121호, 45～84.

이명순(2007). 공화주의 유형과 그 비판: 강한 유형과 약한 유형. 『철학사상』, 26호, 269～296.

이진순(2024. 8. 21). 기관사만 바꾸면 폭주는 사라질까. 『한겨레』. https://news.zumst.com/articles/92743492

이혜정(2022). 한반도 국제관계, 1972～2022: 시공간 복합체 시론. 『한국과 국제정치』, 38권 1호, 1～47.

이혜정(2024). 국제정치관점에서 동북아의 현실을 진단한다. 피스모모 (편). 『커먼즈: 모두의 것으로서의 평화와 안보』. 서울: 피스모모.

은용수(2024). 존재론적 안보론과 북미관계. 『한국과 국제정치』, 40권 1호, 111～155.

정준호 · 이일영(2024). 공화주의적 대안 경제의 모색: '비지배 자유'의 경제 체제. 『동향과 전망』, 121호, 9～44.

장은주(2023). 왜 지금 '공화'인가?: 한국 민주주의의 '공화화'라는 과제와 민주적 공화주의. 『민주주의와 인권』, 23권 1호, 5～35.

장은주(2024). 『공화주의자 노무현: 시민적 진보의 탐색』. 서울: 피어나.

정상호(2013). 한국에서 공화 개념의 발전 과정에 대한 연구. 『현대정치연구』, 6권 2호, 5～35.

정상호(2024). 한국 보수 · 중도의 새로운 정치 이념으로서 공화주의의 가능성과 한계. 『동향과 전망』, 120호, 166~199.

정영신 · 김민환(2024). 군사주의 비판과 평화운동: 김진균 이후의 평화연구와 평화운동. 『경제와 사회』, 142호, 57~88.

조석주(2021). 기본소득의 규범적 정치이론: 좌파자유주의지상주의와 공화주의 이론에 대한 검토. 『사회과학연구』, 47권 3호, 55~72.

조승래(2010). 『공화국을 위하여』. 서울: 도서출판 길.

조승래(2011). 지금 왜 공화주의인가?. 『미국사연구』, 34호, 1~28.

채진원(2020). 노무현의 공화주의적 정신: 분권과 자율, 대화와 타협, 시민참여. 『인문사회21』, 11권 2호, 1457~1472.

최명해(2009). 『중국 · 북한 동맹관계』. 서울: 오름.

필립 페팃 · 곽준혁(2009). 공화주의와 한국사회: 필립 페팃 교수와의 대담. 『아세아연구』, 52권 1호, 103~296.

柄谷行人(2006). 『世界共和国へ: 資本＝ネーション＝国家を超えて』. 岩波書店. 조영일 (역)(2007). 『세계공화국으로: 자본＝네이션＝국가를 넘어서』. 서울: 도서출판b.

柄谷行人(2010). 『世界史の構造』. 岩波書店. 조영일(역)(2012). 『세계사의 구조』. 서울: 도서출판b.

柄谷行人(2014). 『帝国の構造: 中心 · 周辺 · 亜周辺』. 青土社. 조영일(역)(2016). 『제국의 구조: 중심 · 주변 · 아주변』. 서울: 도서출판b.

Allen, A.(2015). Domination in global politics: A critique of Pettit's neo-republican model. In B. Buckinx, J. Trejo-Mathys, & T. Waligore (Eds.), *Domination and global justice* (pp. 111~130). London: Routledge.

Bell, D.(2010). Introduction. *European Journal of Political Theory*, *9*(1), 9~11.

Bockman, J.(2011). *Markets in the name of socialism: The left-wing origins of neoliberalism*. Stanford University Press. 홍기빈(역)(2015). 『신자유주의의 좌파적 기원: 냉전시대 경제학 교류의 숨겨진 역사』. 파주: 글항아리.

Bryan, A.(2021). The material conditions of non-domination: Property, independence, and the means of production. *European Journal of Political Theory*, *22*(3), 425~444.

Buckinx, B., Trejo-Mathys, J., & Waligore, T.(2015). Domination across borders. In *Domination and global justice* (pp. 1~33). London: Routledge.

Dahl, R.(1957). The concept of power. *Behavioral Science*, *2*(3), 169~248.

Deudney, D.(2006). *Bounding power*. Princeton: Princeton University Press.

Dienst, K.(2008). Highlights from Pettit's review of the Zapatero government. *Princeton Weekly Bulletin*, 97(13).

Ferguson, Y., & Mansbach, R.(2008). *A world of polities*. London: Routledge.

Gädeke, D.(2016). The domination of states: Towards an inclusive republican law of peoples. *Global Justice*, *9*(1), 1~27.

Göhler, G.(2009). 'Power to' and 'Power over'. S. Clegg & M. Haugaard (Eds.), *The Sage handbook of power* (pp. 27~39). London: Sage.

Halldenius, L.(2010). Building blocks of a republican Cosmopolitanism. *European Journal of Political Theory*,

9(1), 12~30.

Haugaard, M.(2020). *The four dimensions of power*. Manchester: Manchester University Press.

Herranz, A.(2023). Boundaries and varieties of republicanism. *Critical Review of International Social and Political Philosophy*, 1~22.

Hobbes, T.(1991). *Leviathan*. Cambridge: Cambridge University Press.

Kandiyali, J.(2022). Should socialists be republicans?. *Critical Review of International Social and Political Philosophy*, 1~18.

Keohane, R.(1986). Reciprocity in international relations. *International Orgainization*, *40*(1), 1~27.

Keohane, R., Macedo, S., & Moravcsik, A.(2009). Democracy-enhancing multilateralism. *International Organization*, *63*, 1~31.

Laborde, C., & Ronzoni, M.(2016). What is a free state? Republican internationalism and globalisation. *Political Studies*, *64*(2), 279~296.

Larmore, C.(2001). A critique of Philip Pettit's republicanism. *Philosophical Issues*, *11*, 229~243.

Leipold, B.(2017). *Citizen Marx: The relationship between Karl Marx and republicanism*. DPhil Thesis at the University of Oxford.

Leipold, B., Nabulsi, K., & White, S.(2020). *Radical republicanism*. Oxford: Oxford University Press.

Love, S.(2012). *The material conditions of freedom*. PhD Thesis at the University of Pittsburgh.

Love, S.(2023). The injustice of domination. *Erasmus Journal for Philosophy and Economics, 16*(1), 31~42.

Lovett, F.(2010). Republican global distributive justice. *Revista Diacritica, 24*(2), 13~30.

Lovett, F.(2022). Republicanism. In The Stanford Encyclopedia of Philosophy. Retrieved from https://plato.stanford.edu/archives/fall2022/entries/republicanism/

Lovett, F., & Pettit, P.(2009). Neorepublicanism: A normative and institutional research programme. *Annual Review of Political Science, 12*, 11~29.

MacRae, C.(2024). Socialism and non-domination: A relational egalitarian approach. *Critical Review of International Social and Political Philosophy, 27*(6), 1~25.

Markell, P.(2008). *Bound by recognition*. Princeton: Princeton University Press.

Markell, P.(2008). The insufficiency of non-domination. *Political Theory, 36*(1), 9~36.

Martí, J., & Pettit, P.(2010). *A political philosophy in public life*. Princeton: Princeton University Press.

Martí, J., & Seleme, H.(2015). Three comments on Philip Pettit's on the people's terms. *Philosophy and Public Issues, 5*(2), 25~42.

McBride, C.(2015). Freedom as non-domination: Radicalisation or retreat?. *Critical Review of International Social and Political Philosophy, 18*(4), 349~374.

McCammon, C.(2018). Domination. In *The Stanford Encyclopedia of Philosophy*. Retrieved from https://plato.stanford.edu/archives/win2018/entries/domination/

Mulvad, A., & Popp-Madsen, B.(2022). From neo-republicanism to socialist republicanism. *Theoria: A Journal for Social and Political Theory, 69*(171), 97～118.

Muldoon, J.(2022). A socialist republican theory of freedom and government. *European Journal of Political Theory, 21*(1), 47～67.

Onuf, N.(1998). *The republican legacy in international thought.* Cambridge: Cambridge University Press.

Piketty, T.(2013). *Capital in the twenty-first century.* Harvard University Press. 장경덕 외(역)(2014). 『21세기 자본』. 서울: 글항아리.

Pettit, P.(1996). Freedom as antipower. *Ethics, 106*(3), 576～604.

Pettit, P.(1997). *Republicanism: A theory of freedom and government.* Oxford: Oxford University Press. 곽준혁(역)(2012). 『신공화주의: 비지배자유와 공화주의 정부』. 파주: 나남.

Pettit, P.(2002). Keeping republican freedom simples: On a difference with Quentin Skinner. *Political Theory, 30*(3), 339～356.

Pettit, P.(2004). Depoliticizing democracy. *Ratio Juris, 17*(1), 52～65.

Pettit, P.(2006). Democracy, national and international. *The Monist, 89*(2), 301～324.

Pettit, P.(2007). A republican right to basic income?. *Basic Income Studies, 2*(2), 1～8.

Pettit, P.(2008a). Dahl's power and republican freedom. *Journal of Power*, *1*(1), 67～74.

Pettit, P.(2008b). Republican freedom: Three axioms, four theorems. In C. Laborde & J. Maynor (Eds.), *Republicanism and political theory* (pp. 102～130). Oxford: Blackwell.

Pettit, P.(2010a). A republican law of peoples. *European Journal of Political Theory*, *9*(1), 70～94.

Pettit, P.(2010b). Legitimate international institutions: A neorepublican perspective. In J. Tasioulas & S. Besson (Eds.), *The philosophy of international law* (pp. 139～162). Oxford: Oxford University Press.

Pettit, P.(2013). Two republican traditions. In A. Niederberger & P. Schink (Eds.), *Republican democracy: Liberty, law and politics* (pp. 169～204). Edinburgh: Edinburgh University Press.

Pettit, P.(2014). *Just freedom*. New York: W. W. Norton & Company. 곽준혁 · 윤채영(역)(2019). 『왜 다시 자유인가: 공화주의와 비지배 자유』. 파주: 한길사.

Pettit, P.(2015). The Republican law of peoples: A restatement. In B. Buckinx, J. Trejo-Mathys, & T. Waligore (Eds.), *Domination and global justice* (pp. 37～70). London: Routledge.

Pettit, P.(2016). The globalized republican ideal. *Global Justice*, *9*(1), 47～68.

Pettit, P.(2023). *The state*. Princeton: Princeton University Press.

Ramgotra, M.(2017). Postcolonial republicanism and the revival of a paradigm. *The Good Society*, *26*(1), 34～54.

Rawls, J.(1993). *The law of peoples*. Harvard University Press. 장

동진 · 김만권 · 김기호(역)(2017). 『만민법』. 서울: 동명사.

Rigstad, M.(2011). Republicanism and geopolitical domination. *Journal of Political Power, 4*(2), 279～300.

Ronzon, M.(2017). Republicanism and global institutions: Three desiderata in tension. *Social Philosophy and Policy, 34*(1), 186～208.

Schelling, T.(1960). *Conflict of strategy*. Cambridge: Harvard University Press.

Simpson, T.(2017). The impossibility of republican freedom. *Philosophy & Public Affairs, 45*(1), 27～53.

Skinner, Q.(1998). *Liberty before liberalism*. Cambridge: Cambridge University Press.

Skinner, Q.(1999). Hobbes and the purely artificial person of the state. *The Journal of Political Philosophy, 7*(1), 1～29.

Skinner, Q.(2008). Freedom as the absence of arbitrary power. In C. Laborde & J. Maynor (Eds.), *Republicanism and political theory* (pp. 102～130). Oxford: Blackwell.

Skinner, Q.(2010). On the slogans of republican political theory. *European Journal of Political Theory, 9*(1), 95～102.

Skinner, Q.(2011). The sovereign state: A genealogy. In H. Kalmo & Q. Skinner (Eds.), *Sovereignty in fragments* (pp. 26～46). Cambridge: Cambridge University Press.

Smoke, R.(1984). The 'Peace' of deterrence and the 'Peace' of the antinuclear war movement. *Political Psychology, 5*(4), 741～748.

Sunstein, C.(1988). Beyond the republican revival. *The Yale Law Journal, 97*(8), 1539～1590.

Thomas, C. A.(2015). "Globalising sovereignty"? Pettit's

neo-republicanism, international law and international institutions. *The Cambridge Law Journal,* 74(3), 568~591.

Thompson, M.(2013). Reconstructing republican freedom: A critique of the neo-republican concept of freedom as non-domination. *Philosophy and Social Criticism, 39*(3), 277~298.

Watkins, D.(2015). Institutionalizing freedom as non-domination and the role of state. *Polity, 47*(4), 508~534.

Weithman, P.(2006). Republicanism. In D. Borchert (Ed.), *Encyclopedia of philosophy 8* (pp. 434~438). London: Thompson Gale.

Wendt, A.(2004). The state as person in international theory. *Review of International Studies, 30*(2), 289~316.

White, S.(2011). The republican critique of capitalism. *Critical Review of International Social and Political Philosophy, 14*(5), 561~579.

03

탄핵 정국과 외교 정책

새 공화주의적 외교 정책을 위한 몇 가지 제언

구갑우 북한대학원대학교

문제 설정: 탄핵 정국과 외교 정책

이 글의 목적은, 대통령의 직무가 정지된 탄핵 정국 속에서 생산된 외교 정책과 외교 정책 담론을 살펴보는 것이다. 탄핵 정국의 기간은, 국회에서 처음 탄핵 소추안이 발의되는 2024년 12월 4일부터 2025년 4월 4일 헌법재판소에서 탄핵 인용이 결정되기까지다. 탄핵 정국은, 한국의 외교 정책 결정에 영향을 미치는 외부의 두 주요한 국제 환경과 '얽혀' 있었다. 첫째, 2024년 12월 4일 조선은 러시아와 동맹 조약 비준서를 교환했다. 러시아-우크라이나 전쟁에 파병한 국가 행동에 대한 법적 정당화였다. 남북 관계에는 탄핵 정국 이전에 발생했던 서로를 향한 적대적 담론과 행동의 그림자가 드리워져 있었다. 둘째,

2025년 1월 출범한 미국 트럼프 2기 행정부가 전 세계를 대상으로 '관세 폭탄'을 던지고 있었다. '제국의 폭정'이라 부를 만한 사건이었다. 반(反)엘리트주의, 반글로벌주의(globalism)를 내장한 트럼프의 민중주의적(populist) 외교 정책은, 한미 동맹을 중심축으로 한 한국의 외교 안보 정책과 외교 통상 정책을 뿌리부터 흔들 수 있는 국제 환경이었다.

보다 정확히 말하면, 예측되었던 이 두 국제 환경 속에서 한국은 탄핵 정국으로 진입했다. 야당은 첫 탄핵 소추안을 발의할 때, 윤석열 정부의 외교 정책을 탄핵 사유 가운데 하나로 지목했다. 탄핵 정국 속에서 한국의 외교 정책 결정 과정은 몇 가지 특이성을 가지게 되었다. 첫째, 최고 결정권자이자 수석 협상가가 없었다. 선출된 권력 집단이 아닌 '과도 정부'의 관료들이 대북 정책을 포함한 외교 정책을 결정하게 되었다. 12월 27일 대통령 권한대행의 탄핵 소추안이 국회에서 가결되면서, 권한대행의 권한대행이 외교 정책 최고 결정권자가 되는 사태까지 발생했다. 둘째, 사실상의 무정부 상태하에서 정부 부처, 국회, 정당, 기업, 시민 사회단체 등의 다양한 행위자들이 대통령을 경유하지 않고 각개 약진의 방식으로 외교 정책과 외교 정책 담론을 만들게 되었다.

탄핵 정국 속에서 만들어진 외교 정책 가운데, 이 글에서 주목하는 사례는 다음과 같다. 첫째, 대북 정책이다. 탄핵 소추안 가결 이후 통일부는 남북 관계의 긴장을 야기했던 탈북민 단체의 대북 전단 살포를 묵인·방조했던 기존의 입장을 바꾸었다. 통일부는 탈북민 단체에게 신중한 접근을 요구했고(2024년 12월 16일), 탄핵 정국 속에서 한반도 긴장은 완화되었다. 둘째, 대미 정책이다. 2025년 2월 미국과 한국의 시민 사회단체는 트럼프에게 '한반도 평화'를 위한 조치를 취할 것을 요구하는 서한을 보냈다. 트럼프의 관세 폭탄이 투하되기 시작할 즈음인 2025년 3월, 국회에서는 야당인 민주당이 주도하고 여당인 국민의힘이 동의한 '한미 동맹 지지 결의안'이 본회의를 통과했고(13일), 대기업 현대차그룹은 210억 달러(약 31조) 규모의 대미 투자를 발표했으며(24일, 미국 현지시간), 과도 정부는 경제부총리가 주재했던 '대외 경제 현안 간담회'를 대통령 권한대행이 주재하는 '경제 안보 전략 TF'로 격상해 운영하기로 했다(25일). 탄핵 정국 속에서 다양한 행위자들이 추진하는 각자도생의 대미 정책이 출현했다.

이 글은, 탄핵 정국 속에서 출현한 이 외교 정책과 외교 정책 담론을 공화주의 시각에서 평가하고 대안을 제시한다. 서구발 '신(neo)' 공화주의는 타자의 자의적 권력에 종속되지 않는 상태로 정의되는 '비지배(non-domination)로서의 자유'를 규범적 · 규제적 이상으로 설정한다(Pettit, 1997/2012). 외교 정책과 관련해, 신공화주의는 다자간 협력과 제도화가 공화주의 국가에게 이익이 된다고 생각한다. 국제 관계로 확장하면 국가들 사이의 비지배 관계가 신공화주의의 규범적 · 규제적 이상이 된다(구갑우, 2025). 신공화주의를 한반도적 맥락에서 재해석한 '새(new)' 공화주의에서는 개인과 개인, 민족과 민족, 국가와 국가 사이의 완전 '균등(均等)'을 목표로 한 조소앙(趙素昻, 1887~1958)의 삼균주의(三均主義)를 규범적 · 규제적 이상으로 불러온다(백영서, 2022; 이일영, 2025). 현재적 시각에서 새 공화주의의 규범적 · 규제적 이상을 국내적, 한반도적, 국제적 수준에서의 '평화 공존과 공동 번영'으로 번역하고 탄핵 정국 속의 외교 정책을 평가한 후, 글의 말미에 새 공화주의적 외교 정책을 위한 몇 가지 제언을 추가한다.

탄핵 소추안의 외교 정책적 쟁점

2024년 12월 3일 밤 10시 즈음 한국의 최고 권력자인 대통령이 "전시 · 사변 또는 이에 준하는 국가비상사태"(헌법 77조)에 선포하는 비상계엄을 선포했다. 대통령의 "긴급 대국민 특별 담화"에서 밝힌 목적 가운데 하나는, "북한 공산 세력의 위협으로부터 자유 대한민국을 수호하고 우리 국민의 자유와 행복을 약탈하고 있는 파렴치한 종북 반국가 세력들을 일거에 척결하고 자유 헌정 질서를 지키"려는 것이었다. 12월 3일 밤 11시에 계엄사령관 이름으로 발표된 "포고령" 1항에서는 "국회와 지방 의회, 정당의 활동과 정치적 결사, 집회, 시위 등 일체의 정치 활동을 금"했다. 비상계엄 선포와 포고령 1호는 위헌이었다. 당시 한국은 전쟁과 같은 '국가 비상사태'에 있지 않았다. 헌법은 국회의 활동을 금지하는 것을 금하고 있다.

"종북 반국가 세력"은 비상계엄을 선포한 극단주의적 우파가 경쟁하는 정치 사회 세력에게 찍고 싶은 낙인이었다. 이 프레임은 우파 진영에서 '종북 = 반미 + 친중'으로 확대 해석되곤 했다. "척결"은 극단주의적 우파가 생각을 달리하는 정치 사회 세력과 평화 공존할 의사가 없음을 보여 준 표현이었다. 극우 세력은 북한, 미국, 중국 등 한국 주변의 타국에 대한 태도와 선호를 통해 정치 사회 세력을 가르는 균열선을 만들고자 했다. 2024년 12월 4일 여당인 국민의힘을 제외한 야 6당인 더불어민주당, 조국혁신당,

진보당, 기본소득당, 사회민주당, 개혁신당이 제출한 "대통령(윤석열) 탄핵 소추안"에는 이 종북 프레임에 대한 즉자적 대응이 담겼다.[45)]

> 가치 외교라는 미명하에 지정학적 균형을 도외시 한 채 북한과 중국, 러시아를 적대시하고, 일본 중심의 기이한 외교 정책을 고집하며 일본에 경도된 인사를 정부 주요 직위에 임명하는 등의 정책을 펼침으로써 동북아에서 고립을 자초하고 전쟁의 위기를 촉발시켜 국가 안보와 국민 보호 의무를 내팽개쳐 왔다.

윤석열 정부가 글로벌 '중추 국가(pivotal state)'를 추구했음에도, 명시적 반북·반중, 친미·친일의 노선을 걸으며 사물의 중심을 잡아 준다는 의미를 지닌 중추(中樞, pivot)의 역할을 포기했다는 반성이 탄핵 소추안에 담긴 것이다. 미국은 언급되지 않았다. 민주당을 포함한 야당이 '반미'의 혐의를 받고 싶지는 않았던 것처럼 보인다. 그럼에도 외교 정책이 국내 정치적 갈등의 진앙(震央)이 된 형

---

45) 국회의 기록은 '국회 회의록 빅 데이터(https://dataset.nanet.go.kr/)' 참조.

국이었다. 12월 4일의 1차 탄핵 소추안은 여당인 국민의힘이 투표에 참여하지 않아 의결정족수 미달로 폐기되었다.

윤석열 정부의 외교 정책 실패를 적시한 이 1차 탄핵 소추안은 몇 가지 논란을 야기했다. 첫째, 대통령이 선거 과정에서 약속한 외교 정책이 탄핵 사유가 될 수 있는가의 여부다. 외교 정책의 위헌 여부를 따지는 것은 사실 불가능하다. 헌법 3조는 대한민국의 영토를 한반도와 그 부속 도서로 규정하고 있지만, 대북 화해 · 협력 정책을 위헌으로 판정하지는 않는다. 결국 2차 탄핵 소추안에서 윤석열 정부의 가치 외교의 실패를 언급한 이 구절은 빠졌다. 둘째, 한반도 주변국 가운데 미국과 중국은 이 탄핵 소추안에 외교 정책과 관련된 구절이 포함된 것에 관심을 보였다(문재연, 2024. 12. 14). 미국은 바이든 행정부가 윤석열 정부와 협력해 한일 관계 개선 및 한미일 안보 협력을 만들어 낸 것이 탄핵 사유가 되느냐고 물었다고 한다. 한국 야당들의 외교 정책에 의구심을 드러낸 것이다. 반면, 중국은 이 구절을 삭제한 이유가 미국과 일본의 영향 때문이었는지를 알고 싶어 했다고 한다. 셋째, 1차 탄핵 소추안에 윤석열 정부 가치 외교 실패가 포함된 이유를 야 6당 가운데 민주당은 조국혁신당 탓으로 돌리려 했다. 민주당 의원들은 해당 문구를 삭제했음을 미국과 일본에 알리며, 조국혁신당 주도로

1차 탄핵 소추안을 작성하며 발생한 문제로 정리했다.

야 6당은 형법 위반 사항인 내란죄와 논란이 된 외교 정책 관련 구절을 삭제하고 2차 탄핵 소추안을 12월 12일 발의했다. 탄핵 소추안을 헌법 위반과 관련된 사안들로만 압축한 것이다. 12월 14일 국회의원 300명 전원이 참여한 투표에서 찬성 204표, 반대 85표, 기권 3표, 무효 8표로 가결되었다. 108석을 가진 국민의힘에서 헌정 수호 세력으로 12명 정도가 이동한 결과였다. 200명이 대통령 탄핵안 의결 정족수였다.

야당의 2차 탄핵 소추안에서 사라진 '북한, 중국, 러시아'는 헌법재판소의 탄핵 심판 과정에서 피청구인의 변호용으로 다시금 등장했다. 대통령 윤석열을 파면한 2025년 4월 4일 헌법재판소 결정문의 일부다.[46)]

> 피청구인은 이 사건 계엄 선포 당시 우리나라가 북한 및 중국, 러시아와 같은 사회주의, 전체주의 국가들이 종래의 재래식 무기를 사용한 전면전 이외에 비정규전, 테러,

---

46) 헌법재판소의 탄핵 심판 결정문(2024헌나8)은 https://isearch.ccourt.go.kr/view.do?idx=00&docId=84503_010500(검색일: 2025. 4. 17) 참조.

> 심리전, 여론전 사이버전 등 동원 가능한 모든 수단을 전개 가능한 모든 영역에서 사용하여 공격하는 이른바 '하이브리드전' 상황이었다고도 주장한다.

피청구인이 비상계엄 선포를 정당화하기 위해 한국이 북한, 중국, 러시아와 전쟁 상태에 있다고 주장한 것이다. 헌법재판소는 "전쟁과 같은 중대한 위기 상황이라고 판단할 만한 객관적 정황은 없었고, '하이브리드전'과 같은 비군사적 공격에 대해 국회에 병력을 동원해 대응할 수 있는 것도 아니다"라고 반박했다. 비상계엄 선포가 정당하지 않다는 헌법재판소의 판단이었다.

한반도가 사실상의 전쟁 상태에 있었고, 그 전쟁에 동의하는 "종북 반국가 세력"이 한국 안에 존재한다는 친위 쿠데타 세력의 자기 정당화 담론이 허상이었음은 세 수준에서 확인된다. 1) 비상계엄 선포 직전 한반도 전쟁 위기가 있었다면 그것은 친위 쿠데타 세력이 유도하고자 했던 전쟁 위기였다. 북한은 한국의 군사적 행동에 군사적으로 대응하는 것을 자제했다. 2) 탄핵 정국 속에서의 시민 정치, 광장 정치다. 극우 세력은 "종북 반국가 세력"의 "척결"을 외치며 헌정 수호 세력에게 종북 = 반미의 혐의를 씌우고자 했다. 그러나 친위 쿠데타에 저항한 헌정 수호 세력에게 한반도 평화는 주요 의제가 아니었다. 3) 제도 정치의 영역이다. 탄핵 정국이 시작되자 통일부 장관은 국회에 출석해 한반도에 군사적 긴장을 야기하게끔 했던 탈북민 단체의 반북적인 대북 전단 살포에 제동을 걸겠다고 했다. 대통령의 직무가 정지된 탄핵 정국 속에서 정부 부처 통일부의 급격한 정책 전환이었다. 국회에서는 친위 쿠데타 세력의 비상계엄 선포가 한미 동맹을 훼손하는 사건이었다는 발언까지 등장했다.

탄핵 정국 속에서의 외교 정책

탄핵 정국 속에서 외교 정책의 주요 대상은 탄핵 정국 이전보다 조선(북한)과 미국에 집중될 수밖에 없었다. 첫째, 탄핵 정국은 헌법 74조에 근거한 '국군 통수권자'로서 대통령이 부재한 상태였다. 대통령 권한대행은 선출된 권력이 아니기 때문에 국군 통수권자로서 민주적 정당성에 한계를 가질 수 있다. 국군 통수권이 권한대행에 의해 행사되는 탄핵 정국은 '안보 위기'와 동의어일 수 있다. 합의에 의해 전쟁을 중단한 상태인 정전 체제하에 있는 한국의 입장에서는 조선의 국가 행동에 주의를 기울일 수밖에 없었다. 둘째, 미국은 한국이 군사 동맹을 체결한 국가이자, 한국 기업의 수출에서 1, 2위를 다투는 국가다. 선거 기간 한미 동맹 및 한미 FTA의 근본적 재편을 시사한 트럼프 2기 행정부를 한국은 탄핵 정국 속에서 맞이해야 했다. 트럼프 2기 행정부는 2025년 1월 20일 출범했다. 한국은 2017년 1월 트럼프 1기 행정부 출범 때처럼 '수석 협상가'가 부재한 다시금 탄핵 정국이었다.

대북 정책

2022년 5월 윤석열 정부는 남북 대화가 단절된 상태에서 출범했다.[47] 2022년 8·15기념사에서 북한 비핵화를 전제로 한 "비핵·평화·번영의 한반도" 구상을 밝혔을 때, 김여정 조선로동당 부부장의 반응은, "제발 좀 서로 의식하지 말며 살았으면 하는 것이"었다. 국체인 핵을 경제 협력과 바꾸지 않겠다고도 했다. 2022년 9월 최고인민회의에서는 핵국가 지위를 "불퇴의 선"으로 규정한 「핵무력정책에 대하여」를 법제화했다. 조선이 남북 관계를 적대적·교전 중 두 국가 관계로 공식적으로 재정의한 시점은, 2023년 12월이었다. 조선의 '전향'은, 한국의 대북 정책이

---

47) 윤석열 정부하에서 남북 관계의 전개 과정은 구갑우(2025) 참조.

"민주를 표방하든 보수의 탈을 썼든 정권 붕괴와 흡수 통일을 기도"했다고 해석했기 때문이다. 새 공화주의적 시각에서 본다면, 조선은 한국이 자신들을 자의적으로 지배하려 한다고 생각했을 수 있다. 조선의 비지배 자유 추구가 두 국가론으로의 전환의 핵심이라는 의미다.

2024년 5월부터 탈북민 단체가 김정은 정권을 비난하는 내용을 담은 대북 전단을 살포하기 시작하자 2024년 5월에서 11월까지 '오물 풍선'을 보내는 희한한 맞대응을 했다. 결국, 이 과정에서 남북이 군사적 행동을 서로 자제하게끔 했던 2018년 9월의 한반도 평화 프로세스의 약속인 「군사 분야 합의서」가 폐기되었다. 2024년 8 · 15 기념사에서 한국 정부는 북한 주민의 자유 통일에 대한 열망을 촉진하는 방식으로 통일을 하겠다는 의사를 밝혔다. 사실상 조선을 지배하겠다는 흡수 통일 기획이었다. 윤석열 정부는 "자유민주적 기본질서에 입각한 평화적 통일정책"의 수립을 규정하고 있는 헌법 4조로 이 흡수 통일 기획을 정당화했다.

2024년 10월 3일, 9일, 10일, 좀 더 자세한 사실이 밝혀져야 하겠지만 한국은 조선로동당 중앙위원회 본부 청사 위에 무인기를 띄웠다. 대북 전단과 함께였다. 만약 한국군이 무인기를 보낸 것이라면, 한국군의 일부가 군사적 자제를 스스로 해제한 셈이다. 친위 쿠데타를 준비했던 군부 세력이 조선의 군사적 대응을 유도해 전시·사변과 같은 국가 비상사태를 만들려 했다는 해석도 가능하다. 향후 친위 쿠데타 세력의 내란 혐의 재판 과정에서 자세히 규명되어야 할 대표적 사건 가운데 하나다. '다행히도' 조선은 무인기에 대해 군사적으로 대응하지 않았다. 한국을 공격할 의사가 없다고 했고, 재발 방지를 촉구하는 수준에서 조선은 당 중앙청사 위에 뜬 무인기 사건을 마무리했다. 그리고 10월 15일 경의선·동해선 남북 연결 지점을 폭파했다. 친위 쿠데타 세력의 일원인 김용현 전 국방부 장관은 비상계엄 선포 전인 11월 17일 지상작전사령부에 오물 풍선이 군사 분계선을 넘을 경우 경고 사격을 하고, 북한이 화기 사격으로 도발하면 지체 없이 원점을 타격하는 대응 계획을 작성하게 했다고 한다(정혜민, 2025. 4. 20). 그러나 '다행히도' 한국군의 원점 타격은 없었다. '서글프지만' 미군이 전시 작전 통제권을 가지고 있기에 한국군은 자율적 행동을 하지 못했을 수 있다(김종대, 2025. 1. 16).

조선의 군사적 무대응에 대해 다음과 같은 해석이 가능할 수 있다. 첫째, 적대적·교전 중 두 국가론의 연장선상에서의 무시로 해석될 수도 있다. 둘째, 2024년 10월 1일 한국군이 공개한 세계 최고 수준의 탄두 중량을 가진 미사일 현무-5와 같은 무기를 통한 반격 능력에 대한 공포 때문이었을 수도 있다. 셋째, 2024년 6월 복원된 조선과 러시아의 동맹 조약 3조에서 규정한 것처럼 쌍무 협상을 통해 조선의 한국에 대한 군사 행동을 논의했을 수도 있다. 조선은 러시아와의 전략적 소통을 통해 러시아의 연루를 야기할 군사적 행동을 자제했을 수도 있다.[48] 언론 보도에 따르면 조선은 무인기가 평양 상공에 침투할 즈음인 10월 8일 러시아에 조선군을 보낸 것으로 알려져 있다.[49] 조선의 군사적 무대응은, 조선군의 러시아 파병이 만든 결과일 수도 있다. 어떤 이유에서든, 조선의 군사적 자제는 탄핵

---

48) 조러 동맹 조약 3조는 다음과 같다. "쌍방은 공고한 지역적 및 국제적 평화와 안전을 보장하기 위하여 호상 협력한다. 쌍방중 어느 일방에 대한 무력침략행위가 감행될수 있는 직접적인 위협이 조성되는 경우 쌍방은 어느 일방의 요구에 따라 서로의 립장을 조률하며 조성된 위협을 제거하는데 협조를 호상 제공하기 위한 가능한 실천적조치들을 합의할 목적으로 쌍무협상통로를 지체없이 가동시킨다."

49) 조선은, 2025년 4월 28일 조선로동당 중앙군사위원회 이름으로 러시아 파병을 공식적으로 인정했다. 조러조약 4조에 따라 러시아 본토인 꾸르스크주가 공격을 받자 개입했다고 했다. "조선로동당 중앙군사위원회가 로씨야련방의 꾸르스크지역해방작전에 참전하여 영웅적위훈을 세운 조선민주주의인민공화국무력 전투구분대들을 높이 평가," 『로동신문』, 2025년 4월 28일.

정국 전과 탄핵 정국 속에서 남북 관계를 군사적 충돌로 몰아가지 않게끔 했다.

조선은 탄핵 소추안이 국회에서 가결되고 이틀이 지난 2024년 12월 16일 『로동신문』과 『조선중앙통신』을 통해 "괴뢰 한국", "윤석열 괴뢰" 등의 표현을 사용했지만 거의 논평 없이 사실 관계만을 보도했다. 한국의 탄핵 정국 속에서 진행된 "조선로동당 중앙위원회 제8기 제11차 전원회의에 관한 보도"(『로동신문』, 12월 29일)에서도 "최강경 대미대응전략"을 밝히는 과정에서 "미일한 동맹이 침략적인 핵군사 쁠럭으로 팽창되고 대한민국이 미국의 철저한 반공전초기지로 전락된 현실"을 언급할 때, 한국이 등장할 뿐이었다. 헌법재판소가 탄핵을 인용했을 때도 하루가 지난 4월 5일 자 『로동신문』에서 "윤석열이 대통령직에서 파면"이란 제목의 짧은 기사만을 보도했다. 조선은 한국의 내정에 간섭하지 않으려 했다.

반면, 탄핵 정국 속에서 한국의 통일부는 대북 정책을 전환했다. 탄핵 소추안이 가결되고 이틀이 지난 12월 16일 통일부 장관은 국회 외교통일위원회 전체회의에서 "대북 전단 문제에 있어서는 국민 생명과 안전을 최우선적으로 고려해 상황 관리 노력을 경주해 나가고자 하고 있으며 지난 12일 전단 단체들에게 신중한 판단을 요청한 바 있"다고 발언했다. 12일이면 탄핵 소추안이 가결되기 전이다. 탄핵 소추안이 국회를 통과하기 전에 정책 전환을 했다는 것이다. 통일부는 2023년 9월 26일 헌법재판소가 대북 전단 살포를 금지한 「남북관계발전법」 24조, 25조 등이 민주주의의 근간이 되는 핵심적 기본권인 '표현의 자유'를 침해한다며 위헌 결정을 내린 후, 대북 전단 살포를 묵인 · 방조해 왔었다(이제훈, 2024. 12. 16).[50] 통일부 장관은 외교통일위원회에서 본인은 비상계엄 선포 전에 비상계엄에 반대했다고 주장하며, 탄핵 정국에서 "한반도 상황의 안정적 관리"를 하겠다는 발언을 했다. 대북 정책의 기조 변화를 묻는 질문에 통일부 장관은, "그 문제는 국회와 앞으로 긴밀히 협의해 나가도록 하겠"다고 했다. 탄핵 정국 속에서 통일부 장관은 국회를 대북 정책의 협의 주체로 생각했다.

2025년 12월 16일 국회 외교통일위원회를 계기로 나타난 탄핵 정국의 두 가지 효과가 있다. 첫째, 대북 전단과 대남 오물 풍선의 악순환이 사라지며 "뜻밖의 평화"가 나타

50) "남북관계 발전에 관한 법률 일부 개정법률 위헌확인: 대북 전단 등의 살포 금지·처벌 사건", 헌법재판소, 2023. 9. 26. https://www.ccourt.go.kr/site/kor/ex/bbs/View.do?cbIdx=1195&bcIdx=1006060 (검색일: 2025. 4. 5).

났다(이제훈, 2025. 4. 1). 탄핵 정국의 의도하지 않은 긍정적 효과였다. 물론 탄핵 정국 속에서도 다섯 차례 정도의 대북 전단 살포가 있었지만, 조선은 오물 풍선을 보내지 않았다.[51] 둘째, 국회가 대북 정책에 적극적으로 개입할 수 있는 계기였다. 16일의 외교통일위원회는 탄핵 정국 속에서, 야당인 민주당을 중심으로 "민주공화국의 한 축"인 국회가 외교 정책에 적극적 역할을 해야 한다는 의지를 담은 회의였다. "과도적인 정부의 입장에서는 국회와 소통하고 국민과 소통하는 절차를 거쳐서 외교를 하는 것이 과도 정부가 하는 외교의 출발점"(민주당 위성락 의원)이라는 것이 야당인 민주당의 주장이었다. 통일부로부터 대북 전단 살포 금지를 이끌어 낸 것은, 의회가 외교 정책에서 가지는 역할이 한계적이라는 일반적 평가를 넘는 성과였다(Cf. Martin, 2000).

51) 트럼프 2기 행정부 출범 이후 연방 정부의 구조 조정 과정에서 북한 인권 단체에 지원을 해 온 국무부 민주주의·인권·노동국, 1983년 의회의 법령을 통해 만들어진 민주주의진흥재단(National Endowment for Democracy) 등의 예산이 삭감되면서 대북 전단 살포가 줄었을 수 있다(김은중, 2025. 3. 18). 트럼프 행정부의 연방 정부 부채 축소를 위한 정책이 의도하지 않게 한반도에 뜻밖의 평화를 가져온 것이다.

사실 대북 전단 살포 금지는, 접경 지역 주민의 "평화적 생존권"을 주로 탈북민 단체인 민간 단체의 표현의 자유보다 중요하게 생각했던 한반도 평화를 추구하는 시민 사회 단체의 지속적 요구였다(이영아, 2024). 탄핵 정국 속에서 대북 전단 살포 금지에 대한 행정부와 입법부의 합의는, 결국 '시민 정치'의 문제 제기 때문이었다. 물론, 탄핵 정국 속에서 민주 공화국 안에서 민주 공화국 밖의 세계, 예를 들어 적대적 남북 관계, 미국발 제국의 폭정에 대해 시민 정치가 광장에서 목소리를 내지 못했다는 반성도 있다.[52] 한반도 평화에 대한 요구는 시민 정치의 광장에서 상대적 침묵을 겪었다.

그러나 탄핵 정국 속에서 시민 정치의 광장은, 시민에 대한 자의적 권력 행사를 폭력적 방식으로 강제하려 했던 친위 쿠데타 세력을 옹호하는 극우 헌정 파괴 세력과 친위 쿠데타 세력의 자의적 지배에 저항하는 헌정 수호 세력이 이분법적으로 대립하는 공간이었다. 더 정확히 이야기하면, 광장에서 태극기와 성조기를 함께 들고 '종북 = 반미'

---

52) [후기] 리빌딩 포럼 2.0: 내란과 평화, 참여연대, 2025. 4. 10. https://www.peoplepower21.org/peace/1989943 (검색일: 2025. 4. 17).

세력의 척결을 외치는 극우 세력은 헌정 파괴 세력이었기 때문에 스스로 민주 공화국의 시민임을 포기한 시민이었다. 종북 = 반미 세력의 척결은 그들이 헌법적 가치보다 상위에 놓으려 했던 프레임이었다. 헌정의 불법적 파괴를 정당화하는 '프레임의 덫'이었다. 헌정 수호 세력이 그 이분화의 덫에 들어갈 이유는 없었다. 시민 정치의 광장은 헌정 수호 세력이 '종북 = 반미'가 아님을 증명하는 자리가 아니었다. 헌정 수호 세력은 국내 정치와 남북 관계를 연계하지 않으려 했다. 친위 쿠데타 세력의 민주 공화국에 반하는 자의적 · 불법적 지배의 의도를 분쇄하는 공간이 시민 정치의 광장이었다.

친위 쿠데타 세력이 집권 이후 전개해 온 다원적 시민에 대한 적대 정책이 비상계엄 선포를 계기로 저항으로 폭발한 곳이 광장이었다. 친위 쿠데타 세력이 적대시했던 재난 피해자, 소수자, 여성, 장애인, 노동자, 농민 등의 다원적 시민들이 주체로 등장했고, 여의도 · 광화문 · 남태령 등의 공간에서 다원적 정체성을 가진 시민이 '평화 공존'하며 '연대하는 하나'가 되는 시민 정치의 순간을 맞이할 수 있었다. 헌법재판소도 인정하듯이, 민주 공화국을 수호하겠다는 다원적 시민의 저항 의지가 없었다면, 자의적 지배의 전형인 비상계엄의 신속한 해제는 없었을 것이다. 헌법상 탄핵 심판의 최종 심급인 헌법재판소가 탄핵의 인용 여부를 결정할 수밖에 없었지만, 다원적 시민의 저항이야말로 친위 쿠데타 세력의 자의적 권력 행사를 무산시키고, 대통령의 탄핵을 이끌어 낸 민주 공화국의 진정한 최종 심급이었다.

2016년 12월~2017년 3월까지의 박근혜 대통령 탄핵 정국에서도 다원적 시민이 출현했지만 '박근혜 퇴진'으로 시민 정치의 구호가 집약된 바 있었다. 물론, 윤석열 탄핵 정국에서 전개된 시민 정치에서 시민과 시민단체의 거리가 좁혀졌음은 강조되어야 한다. 기존 시민단체들의 관성적 집회와 달리 자율적 시민의 다양한 삶이 집회에 투사될 수 있었다(이효상, 2025). 예를 들어, 운동권 노래와 대중가요가 광장에서 어우러지는 모습은 이제까지 상상할 수 없는 그림이었다. 서울로 진입하려던 트랙터를 모는 농민과 2030여성들이 함께한 '남태령 사건'은 다원적 시민의 연대를 통한 하나되기의 전범이었다. 그럼에도 탄핵 정국의 속성상 대통령 퇴진 이외에 다른 주장을 시민 정치의 광장에 담기란 어려울 수밖에 없었다.

친위 쿠데타 세력이 한반도에서 전쟁을 유도해 비상계엄 선포를 정당화하려 했기 때문에, 민주 공화국 밖을 향한 요구인 한반도 평화는 민주 공화국 안에서 친위 쿠데타 세력의 재등장을 막기 위해 필요한 구호 가운데 하나이기는 했다. 시민 정치는 민주 공화국 밖의 일이 다원적 시민의 일상적 삶과 연계되어 있음을 드러내는 작업을 과제로 가지게 되었다. 다원적 시민이 한반도 평화를 '함께' 말할 수 있게 하는 민주 공화국 안의 개혁 과제가 무엇인지를 찾아야 한다. 한반도 평화는 다원적 시민이 각자의 이해와 가치를 실현하기 위한 외적 조건, 필요조건이기 때문이다. 한반도 평화가 없다면 기득권 세력은 이른바 적과 적이 위협을 전제한 국가 안보의 이름으로 다원적 시민의 운동을 억압할 수 있는 기회를 가질 수 있다. 탄핵 정국 이후의 대선 정국과 그 이후 새 정부에서 다원적 시민의 가치와 이해가 어떻게 정치적으로 대표될 수 있을지도 생각해야 한다. 2017년 촛불 집회의 형태로 탄핵 정국을 이끌었던 시민 정치가 다시금 제도 정치에 배신당하지 않을 수 있는 방도를 모색해야 한다(이기호, 2025). 글의 마무리 부분에서 제시하는 '시민 의회(citizens' assembly)' 성격의 '한반도 미래공론화위원회'는 시민의 일상적 삶과 남북 관계의 연결 고리를 만드는 시민 정치 제도화의 한 방식일 수 있다.

대미 정책

2024년 12월 3일 비상계엄 선포 전 한국 정부는 미국에 알리지 않은 것처럼 보인다. 사전 통보 여부가 뉴스다. 비상계엄 선포 직후, 미국의 바이든 행정부는 "한국으로부터 사전 통보가 없었다"라고 했다(김지숙, 2025. 1. 16). 한국은 미국의 '식민지'가 아니다. 그럼에도, 미국은 사전 통보가 있어야 한다고 생각했던 듯하다. 미국 국무부 부장관은 비상계엄 선포가 대통령의 "심각한 오판(badly misjudged)"이자 "매우 불법적(deeply illegitimate)"이라고 직격했다(김지윤, 2024. 12. 5). 퇴임을 앞둔 미국의 바이든 행정부는 탄핵 정국의 도래로 한미 동맹과 한미일 협력이 훼손될 것을 우려했다.

일견, 비상계엄 선포는 미국으로부터 허락을 받지 않은 '자주적' 행동처럼 보인다. 바이든 행정부는 비상계엄 선포 이후 비상식적인 내정 간섭에 가까운 발언을 쏟아냈다. 윤석열 정부는 바이든 행정부와 함께 한미 동맹을 핵 기반 동맹으로 승격시켰을 뿐만 아니라 바이든 행정부가 국제적 수준에서 이른바 '민주주의 진영'을 만드는 과정에서 주요 협력자였다. 바이든 행정부는 친위 쿠데타 세력의 반민주적 계엄 선포를 동맹에 대한 배신으로 해석했을 것이다. 친위 쿠데타를 하게끔 한 권력욕이 '일순간의 자주'를 만들었을 뿐이다. 한국의 일부 보수 세력은 다시금 당선된 미국 대통령 트럼프가 탄핵된 대통령을 구원할 것이라는 망

상도 가지고 있었다(Kim, 2025).

그러나 트럼프는 윤석열을 구제하려 하지 않았다. 극우 세력의 기대와 달리 트럼프는 노골적 내정 간섭을 하지 않았다. 트럼프에게 윤석열은 바이든의 '앞잡이' 정도로 보였을 것이다. 2016년 12월 박근혜 대통령 탄핵 정국 때, 트럼프 1기 행정부 인수위는 "죽은 정부"와 상대를 안 한다고 했다(황인혁 · 이진명 · 박만원 · 손재권, 2016. 12. 5). 트럼프는 2기 행정부 출범 이후 다수의 국가들과 정상 외교를 진행했지만, 탄핵 정국 속에 있던 한국은 제외했다. 트럼프가 취임했을 때, 한국은 대통령 권한대행의 권한대행이 수석 협상가의 지위를 가지고 있었다. 2024년 12월 27일 대통령 권한대행에 대한 탄핵 소추안이 국회를 통과했기 때문이다. 대통령 권한대행 역할을 했던 국무총리는 3월 24일 헌법재판소의 탄핵 기각 결정으로 권한대행으로 복귀했다.

트럼프는 선거 기간 한국을 '머니 머신(money machine)'으로 부르며, 한미 관계의 두 축인 한미 동맹과 한미 FTA를 협상 의제로 삼겠다고 했다(구갑우 · 박유현, 2025). 머니 머신은 돈이 많은 국가를 지칭하는 표현이었다. 머니 머신은 현금 인출기의 의미도 지니고 있다. 트럼프는 한국으로부터 돈을 인출하고 싶어 했다. 트럼프가 1987년 9월 2일 『

뉴욕 타임스』에 미국의 외교 정책을 비판하는 '개인 광고'를 실었을 때,[53] 핵심 주장은 미국이 스스로를 방어할 수 있는 국가들에 비용을 지불하는 것을 멈추어야 한다는 것이었다. 당시 트럼프가 생각한 머니 머신을 가진 국가는 패권 국가로 부상하려고 하는 일본 그리고 산유국 사우디아라비아였다. 일본에게 엔화 절상을 강제한 1985년 9월 플라자 합의 이후 2년이 지난 시점이었다. 플라자 합의 이후 일본은 이른바 '잃어버린' 몇 년을 경험하게 된다.

트럼프 특유의 민중주의적 외교 정책 가운데, '관세의 무기화'와 '동맹의 경제화'의 대상 가운데 하나가 한국이다(구갑우, 2025).[54] 첫째, 트럼프는 선거 기간 한미 FTA

---

53) "There's nothing wrong with America's Foreign Defense Policy that a little backbone can't cure", The New York Times, September 2, 1987.

https://flaglerlive.com/wp-content/uploads/donald-trump-1987-nyt-ad_edited-1.pdf (Accessed December 10, 2024).

54) 미국 우선주의를 목표로 한 트럼프식 민중주의적 외교 정책의 골간은, 1) 경쟁국과의 관계에서는 힘을 통한 평화, 2) 교역국과의 관계에서는 관세의 무기화, 3) 주변국과의 관계에서는 국경의 장벽화, 4) 동맹국과의 관계에서는 군사 동맹의 경제화로 정리할 수 있다. 외교 정책의 개인화는 이 정책들을 관통하는 핵심 특징이다. 미국에 상당한 관세를 부과하고 있다고 그들이 생각하는 국가들을 지칭하는 '더

를 '재앙'으로까지 묘사하기도 했다. 트럼프 1기 행정부에서 한국산 세탁기와 부품에 20~50% 관세를 부과해서 미국 내 기업을 살렸고, 미국 노동자의 일자리를 구했다고 자평했다. 한미 FTA 재협상을 통해 미국의 자동차 산업을 살렸다고 했다. 둘째, 트럼프는 부유한 국가 한국이 주한미군 주둔 비용을 지불해야 한다고 주장했다. 한국이 지불하고 있는 방위비 분담금의 액수가 적절하지 않다는 것이었다. 2024년 10월 한국 정부와 미국의 바이든 행정부는 2026~2030년까지 5년간 적용되는 방위비 분담 특별협정을 체결했지만, 민중주의자 트럼프는 이 국제 협정을 무시할 가능성이 높다. 한미 동맹의 근간을 흔드는 주한미군 감축 또는 철수를 협상의 지렛대로 사용할지도 주목의 대상이다.

트럼프가 한국에게 요구하는 의제는 선거 기간 대략 나온 상태였다. 한국의 대응 차례다. 비대칭적 한미 관계에서 한국은 '순응-협상-구성-저항'의 선택지를 가질 수 있다(신욱희, 2010). 순응이 미국의 요구를 따르는 것이라

티(dirty) 15'라는 표현이나 이들 국가가 미국을 '약탈'하고 있다는 트럼프 2기 행정부의 발언은, 외교 담론의 '깡패화'를 민중주의적 외교정책의 한 특징으로 추가하게 한다.

면, 협상은 주어진 구조 내에서 이익을 극대화하려는 시도다. 구성이 한미 관계의 구조를 전환시키려는 선택이라면, 저항은 구조의 전복 시도다. 탄핵 정국과 뒤를 잇는 대선 정국 속에서 과도 정부는 순응을 선택하려는 것처럼 보였다. 그러나 선출된 권력이 한국의 선택을 결정해야 한다. 민주적 책임성에 입각해 한미 협상의 향방을 결정해야 한다. 탄핵 정국은 어떤 선택을 할 것인가를 유예시킨 계기였다. 대선 정국에서 대통령과 대통령 권한대행의 쌍 탄핵 정국에서 과도 정부는 소극적 대응을 할 수밖에 없었지만, 의회, 시민 사회, 기업은 선제적 대응을 시도했다. 차례로 살펴본다.

과도 정부의 대미 정책

트럼프의 당선 이후 한국이 탄핵 정국에 진입하기 전, 통상 정책을 총괄하는 안덕근 산업통상자원부 장관은 한미 경제 관계를 군사 동맹 수준의 경제 동맹으로 발전시키겠다는 의사를 밝혔다(차대운 · 이슬기, 2024. 12. 1). 트럼프 행정부가 중국 견제에 돌입하게 되면, 한미 경제 협력이 강화될 것이라는 기대도 표명했다. 무역 적자의 해소에 관심을 가진 트럼프 행정부에게 미국산 원유 · 가스 수입의 확대로 대응하겠다고 했다. 2023년 기준 한국은 미국산 원유 2위, 미국산 가스 4위의 도입국이었다. 트럼프발 관세 폭탄이 현실화되기 전이었다. 주목되는 것은, 미중 경쟁이 한미 협력을 확대할 수도 있다는 인식이었다. 한중 협력은 선택지에서 처음부터 배제되어 있었다.

2025년 1월 취임하자마자 트럼프는 보편 관세, 상호 관세, 품목 관세, 국가별 관세 등의 정책 도구를 실행에 옮겼다. 보편 관세와 상호 관세를 발표한 4월 2일을 "해방의 날"로 부르기까지 했다. 한국은 미국과 자유 무역 협정을 체결한 상태임에도 25% 관세를 받았다. 트럼프에게 한미가 합의한 제도는 무용지물이었다. 4월 9일 트럼프는 상호 관세를 90일 유예하는 조치를 취하기는 했지만, 2025년 4월 현재 중국산 수입품에 대해서는 145%의 관세가 적용되었다. 보편 관세와 상호 관세를 합한 수치다. 관세를 가장 아름다운 단어로 불렀던 트럼프가 실제로 관세를 무기화한 것이다. 국제경제학 교과서에 따르면(김인준, 2002), 대국의 경우 수입재에 대한 관세 부과는 수입재의 가격을 높이고 수출재의 가격을 낮추게 해 교역 조건을 개선시킨다. 대국의 경우 관세 부과가 교역 조건의 개선으로 이어지면 사회 후생을 증대시킬 수 있다. 물론, 자국의 후생이 증가하더라도 전 세계 무역량이 감소하게 되면 전체 후생은 감소한다. 관세에 맞불 관세로 맞서면 어느 국가도 사회 후생을 증가시킬 수 없다. 중국은 2025년 4월 현재 미국에 125% 관세를 부과하며 맞서고 있다. 1930년대 대공황(great depression) 시기의 경험처럼 경쟁적 보호주의는 공멸의 길일 수 있다.

2025년 2월 말 대통령과 대통령 권한대행의 쌍 탄핵 정국 속에서 안덕근 산업통상자원부 장관은 미국을 방문했다. 트럼프는 철강 · 알루미늄 수입품에 대한 25% 관세를 부과하겠다고 예고한 상태였다. 한국 기업에 대한 관세 면제를 요구하면서, 미국산 원유 · 가스의 수입 확대와 미국이 필요로 하는 조선 분야에서의 협력을 제안했다고 한다. 관세와 관련한 한미 실무 협의체 구성도 주요 의제였다. 안덕근 장관은 3주 후 다시 미국을 방문했다. 미국 에너지부가 한국을 '민감 국가 및 기타 지정 국가 목록(Sensitive and Other Designated Countries)'에 올렸기 때문이다. 미국 에너지부는 국가 안보, 핵 확산, 테러 지원 등의 이유로 민감 국가 목록을 작성한다. 한국의 민감 국가 지정은 탄핵 정국이었던 2025년 1월 초 전임 바이든 행정부에서 이루어진 조치였지만, 3월 중순에 그 소식이 알려졌다. 4월 15일 민감 국가 지정이 발효되었다. 윤석열 대통령의 핵무장 발언 및 비상계엄 선포가 민감 국가 지정에 영향을 미쳤다는 해석이 있다(김원철, 2025. 3. 17). 2025년 3월 초에는 야당인 민주당 쪽에서도 핵무장 전 단계인 핵 잠재력 확보가 필요하다는 발언도 나왔다.

쌍 탄핵 정국 속에서 통상 외교는 산업통상자원부 장관의 몫이었다. 3월 24일 한덕수 대통령 권한대행이 탄핵 기각으로 복귀하자, 25일 통상 외교를 담당할 민관 네트워크로 '경제 안보 전략 TF'를 만들었다. 기존의 관계 부처 중심의 대외 경제 현안 간담회를 재편한 것이다. 4월 1일 열린 첫 회의에는, 대통령 권한대행, 경제부총리, 외교부 장관, 산업부 장관, 국무조정실장, 통상교섭본부장, 대통령 비서실장, 국가안보실장 등 정부 측 인사와 삼성, SK, 현대자동차, LG 회장 등의 기업 대표가 참석했다. 탄핵 정국 속에서 대통령실 구성원이 이 회의에 참석했다. 트럼프가 외국산 자동차 및 자동차 부품에 25% 관세를, 한국에 25% 상호 관세를 부과하기 바로 직전이었다. 4월 4일 대통령 탄핵이 인용되자 한덕수 대통령 권한대행은 본격적으로 수석 협상가의 일을 '자임'했다. 이 글은, 탄핵 정국 시기만을 다루고 있지만 약간의 전개 과정을 추가한다.

대통령 권한대행은 탄핵 정국에 이은 대선 정국을 핑계로 한미 협상을 다음 정부로 넘길 수도 있었다. 그러나 그렇게 하지 않았고, 오히려 적극적으로 한미 협상의 전략적 노선도 설정했다. 4월 8일 미국 언론사 CNN과의 인터뷰에서 한국은 미국의 상호 관세 부과에 맞대응하지 않을 것이라고 했다. 물론, 소국이 관세로 맞대응할 경우 대국과 달리 교역 조건의 변화가 발생하지 않을 수도 있다. 한국, 중국, 일본이 연대해 미국발 상호 관세에 맞서는 것도 선택지가 아니라고 했다. 한중 연대의 배제였다. 한국 수출 시장의 다변화는 그에게 선택지가 아니었다. 한덕수 권한대행은 "강력한 한미 동맹을 기반으로" 미국과 협력하며, "협상"하겠다고 했다.[55] 한미 동맹은 과도 정부를 대표하는 그에게 불변의 가치였다.

CNN과의 인터뷰 이후, 대통령 권한대행은 대선 정국 속에서 트럼프 대통령과 통화를 했다. 국무조정실이 정리한 통화 의제는, 한미 동맹 강화, 무역 균형 등 경제 협력, 북핵 문제였다. 국무조정실 보도 자료에 따르면, 한덕수 권한대행은 "우리 외교 · 안보의 근간인 한미 동맹 관계가 더욱 확대 · 강화해 나가기를 희망한다"고 했으며, "조선, LNG 및 무역 균형 등 3대 분야에서 미 측과 한 차원 높은 협력 의지를 강조"했다. '북한의 비핵화', '한미일 협력'이

---

55) 한덕수 대통령 권한대행의 발언은 국무조정실, 국무총리비서실이 발간한 보도 자료를 참조했다.

https://www.opm.go.kr/opm/news/press-release.do

한국 측이 밝힌 세 번째 의제였다. 트럼프는, 한덕수 권한대행과 통화 이후 소셜 미디어 글을 통해 “우리는 그들(한국)의 엄청나고 지속 불가능한 흑자, 관세, 조선, 미국산 LNG의 대규모 구매, 알래스카 파이프라인 합작 투자, 그리고 미국이 한국에 제공하는 대규모 군사 보호 비용에 대해 이야기했다”라고 밝혔다(김형구 · 박태인, 2025. 4. 9). 그러나 한미 양측의 통화 정리는 중요한 차이를 보이고 있다. 한국은 북한 비핵화를 언급하고 있지만, 트럼프는 북한에 대한 통화 내용을 말하지 않았다. 트럼프는, 방위비 분담금 인상을 이야기하지만, 한국 측 정리에는 없다. 트럼프는 안보와 통상을 연계하는 “원스톱 쇼핑”이 “아름답고 효율적인 프로세스”라고 이야기했다. 4월 15일 동맹국이 대다수인 한국, 영국, 호주, 인도, 일본 등 5개국을 우선 무역 협상 대상국으로 선정했다.

4월 24일에는 미국 워싱턴에서 한국의 경제부총리와 산업통상자원부 장관, 미국의 재무부 장관과 무역대표부 대표가 만나는 첫 고위급 협상이 개최되었다. 한국이 대통령 권한대행 체제임에도 불구하고 미국이 협상을 제안한 것이다. 회담 이후 한국 대표는, “관세 · 비관세 조치, 경제안보, 투자 협력, 통화(환율) 정책” 등 4개 분야를 중심으로 논의를 해 나가기로 약속했다고 발표했다. 미국의 관세 폭탄 목표가 무역 균형뿐만 아니라 반도체 공급망의 재편, 미국 제조업의 부활, 강제적 환율 조정 등에 있음을 보여주는 의제 설정이다. 미국이 강제했고, 한국은 순응했다. 한국은 미국의 상호 관세 유예가 종료되는 7월 8일 이전까지를 협상의 마감 시한으로 설정했다(김경수, 2025. 4. 25). 두 쟁점이 생겼다. 첫째, 6월 3일이 한국의 대통령 선거다. 한미 합의가 그 이전일지 그 이후일지가 쟁점이 될 것이다. 민주적 정당성을 가진 차기 대통령이 한미 협상을 책임져야 한다. 둘째, 현재까지의 언급으로 보면 방위비 분담금과 같은 군사 동맹과 관련된 쟁점이 2 + 2 회담에서는 의제화되지는 않은 것처럼 보인다. 향후 트럼프 행정부가 한미 동맹을 어떻게 협상 의제로 삼을지가 주목의 대상이다. 한국의 차기 정부가 어떻게 대응할지도 주목의 대상이다.

의회의 대미 정책

탄핵 정국 속에서 맞이한 트럼프 2기 행정부에 대한 한국에서의 첫 대응은, 출범 시간(1월 20일, 현지 시간)에 맞추어 등장한 1월 21일 민주당발 "한반도 평화를 위한 한미 동맹 지지 결의안"이었다. 시차를 고려하면 거의 같은 시간대였다. 한미연합사 부사령관을 지낸 민주당 김병주의원 등 82인이 발의한 이 결의안은, "새로이 출범한 트럼프 행정부와 협력하여 한미 동맹을 더욱 강화하고, 이를 바탕으로 한반도 평화와 동북아 번영을 위한 협력 방안을 적극 모색"하기 위해 제출되었다.[56] 민주당 소속 170명 의원 가운데 80명, 조국혁신당 의원 1명이 이 결의안에 공동 발의자로 참여했다. 주요 내용은, 1) 6·25 전쟁에 참천한 한국군과 미군, UN군의 숭고한 헌신과 희생에 경의를 표하고, 2) 한미 동맹이 대한민국 민주화와 경제 성장의 기틀이 되었으며, 한반도 평화의 기반이자 동북아와 세계 평화·번영의 핵심 축임을 재확인하고, 3) 여야를 초월해 한미 동맹을 강화하고, 한반도 평화를 위한 협력을 적극 지지하며, 4) 우크라이나-러시아 전쟁의 조기 종전을 지지하는 것 등이었다.

민주당이 이 결의안을 제안한 이유로 두 가지를 생각해 볼 수 있다. 첫째, 민주당에 씌워질 수 있는 반미 혐의를 사전에 차단하는 것이다. 1차 탄핵 소추안에서 윤석열 정부의 가치 외교를 비판했을 때 민주당은 '반미 정당'인가 하는 질문이 제기되기도 했다. 이 결의안으로 민주당은 '친미

56) 국회의안정보시스템(https://likms.assembly.go.kr/bill/main.do)에서 확인할 수 있다.

정당'임을 대내외에 알리고자 했다. 둘째, 군사 동맹도 비용과 편익을 계산하는 트럼프식 '군사 동맹의 경제화'에 대한 사전 대응이다. 트럼프는 선거 기간 동안 방위비 분담금의 재협상 의사를 밝혔고, 국무부 장관 내정자였던 루비오는 주한미군 배치의 재검토를 언급한 바 있기 때문이다. 민주당은, 취임과 함께 관세 전쟁을 시작한 트럼프 행정부에게 한미 동맹은 협상의 대상이 아님을 알리고자 했다.

민주당발 한미 동맹 지지 결의안 등장에 국민의힘은 "믿기지 않았다"고 했다(이하원, 2025. 3. 18). 2월 6일 외교부 출신의 김건 의원의 대표 발의로 국민의힘 의원 108명 '전원'이 참여한, "굳건한 한미 동맹 관계 지속 발전 지지 결의안"을 냈다. 주요 내용은, 1) 한미 동맹의 '글로벌 포괄적 전략 동맹'으로의 발전에 대한 높은 평가, 2) 한미 동맹을 한반도 평화와 동북아 · 인도태평양 지역 및 세계 평화 · 번영의 핵심 축으로 설정, 3) 한미 간 경제 통상, 투자 분야의 지속적인 협력 등 굳건한 한미 동맹 관계 발전을 위한 모든 노력과 정책 지지, 4) 굳건한 한미 동맹을 기반으로 한반도, 동북아, 인도태평양 지역, 국제 사회의 평화와 안정, 북한의 완전한 비핵화를 위해 함께 노력, 5) 260만 재미 한인 동포 사회의 기여 평가, 자유 민주주의 · 법치 · 인권 등 핵심 가치와 함께 경제 안보, 에너지, 인공지능, 우주, 원자력, 조선 등의 분야에서 협력 강화 등이었다.

민주당과 국민의힘 두 결의안의 '대안'으로 만들어진 "한미 동맹 지지 결의안"이 3월 12일 국회 외교통일위원회에서 의결되었다. 이 '대안'은, 1) 한미 동맹이 한반도 평화를 유지하는 기반이자 동북아, 인도태평양 지역 및 세계 평화 · 번영의 핵심축임을 다시 한번 확인, 2) 한미 동맹을 강화하고, 한반도 평화를 위한 협력을 적극 지지, 3) 트럼프 대통령의 취임과 신행정부의 출범을 환영하며, 한미 간 통상, 투자, 경제 안보, 에너지, 인공지능, 우주, 원자력, 조선 등 모든 분야에서의 협력, 4) 북한의 비핵화를 위한 한미 양국의 노력을 지지, 5) 260만 재미 한인 동포 사회의 기여를 높게 평가하는 것 등이었다. 이 '대안'은 국민의힘 결의안과 거의 같았다. 민주당이 양보를 한 셈이다. 민주당으로서는 반미의 혐의를 받지 않는 게 중요했을 것이다.

이 결의안이 외교통일위원회에서 통과되는 과정에서 민주당 이재정 의원은 네 번째 항에 포함되어 있는 "북한 비핵화"라는 표현에 "아쉬움"을 표현했다. "통상 국회 결의안에서 '한반도 비핵화'라고 해서 우리 한반도의 평화 구축을 위한 궁극적 목표의 단어로서 거의 고유명사화된 단어만을 사용했"음에도 북한 비핵화가 결의안에 들어가는 최초 결의안이 될 것 같은 우려 때문이었다. 북한 비핵화와 한반도 비핵화는 그 의미가 다르다. 한반도 비핵화는 미국이 한국에 제공하는 핵우산 또한 비핵화의 대상으로 삼는 표현일 수 있다. 이재정 의원의 '의견'은 "회의록에 남길 필요" 때문이었다. 사실 민주당이 최초 제안한 한미 동맹 지지 결의안에도 '북한 비핵화'란 표현이 담겼었다.

한미 동맹 지지 결의안은 3월 13일 국회 본회의를 통과했다. 국제정치학자로서 조국혁신당 김준형 의원이 국회 본회의에서 '반대 토론'을 했다. 한미 동맹을 반대하지는 않지만 시점이 적절하지 않다고 했다. 트럼프가 보편 관세, 상호 관세, 품목 관세 등 동원할 수 있는 모든 관세 도구를 사용해 전 세계와 전쟁을 벌이고 있던 시점이었다. 트럼프의 미국은 "이전까지 듣지도 보지도 못했던 미국"임을 강조했다. "한미 동맹의 특별함을 강조할수록 트럼프의 청구 액수는 더 커질 뿐"이라고 했다. 앞서 살펴본 것처럼 한덕수 권한대행하의 과도 정부는 한미 동맹을 불변의 상수로 놓고 한미 협상에 임하려 했다. 김준형 의원은 "한미 동맹은 우리 국익의 필수적 수단이지만 목적이 될 수는 없"고, "트럼프 대통령이 추구하는 동맹은 우리의 이익과 다르"다고 주장했다.[57] 그러나 김준형 의원의 반대 토론은

---

57) 민주당과 국민의힘이 제출한 한미동맹 지지 결의안을 검토했던

소수의 목소리였다.[58] "한미 동맹 지지 결의안"은 찬성 201인, 반대 17인, 기권 23인으로 가결되었다.[59] 탄핵 정국 속에서 한미 동맹에 대한 여야 합의가 만들어졌다. 한국 의회는 한미 협상이 시작되기도 전에 스스로의 발목을

3월 6일의 외교통일소위원회 회의에서, 외교부 출신의 민주당 위성락 의원은 조국혁신당의 김준형 의원의 우려에 대해 다음과 같은 의견을 개진한 바 있다. "한국 국회가 한목소리로 동맹의 강화를 제시하면 미국 의회에 또 우리하고 생각을 같이하는 분도 많이 있을 터이니까 원군을 얻을 수도 있고 또 그것이 트럼프 행정부에 대해 일정한 영향을 줄 수도 있지 않나 싶습니다."

58) 2025년 2월 20일 김준형 의원은 트럼프 행정부의 보호주의 정책에 맞서 "대한민국의 지속 가능한 경제 발전을 위한 국제 자유 무역 증진과 다자 협력 강화 지지 결의안"을 대표 발의하기도 했다. 3월 6일 외교통일소위에서 김준형 의원은 이 결의안이 의원들로부터 서명을 받기가 쉽지 않다는 심정을 토로하기도 했다. 자유 무역 수호 지지 결의안에 서명한 16인의 의원은 다음과 같다. 김준형, 황운하, 김재원, 강경숙, 이해민, 정춘생, 서왕진, 서영교, 박지원, 박은정, 차규근, 김선민, 신장식, 백선희, 권칠승, 이재강.

59) 반대 의원(17인): 강경숙, 김재원, 김준형, 백선희, 서왕진, 신장식, 윤종오, 윤준병, 이광희, 이재강, 이해민, 임미애, 전종덕, 정춘생, 정혜경, 차규근, 한창민. 기권 의원(23인): 곽상언, 권향엽, 김교흥, 김승원, 김우영, 김정호, 박수현, 박은정, 복기왕, 서미화, 서영석, 안태준, 안호영, 양문석, 용혜인, 위성곤, 윤건영, 이성윤, 이수진, 이훈기, 장경태, 장종태, 황운하.

묶는 행위를 했다. 한미 동맹은 그들에게 신성불가침의 대상이었다.

시민 사회의 대미 정책

미국과 한국의 시민단체는 탄핵 정국 속에서 한반도 평화를 위해 트럼프 행정부가 적극적 역할을 할 것을 요구하는 서한을 전달했다. 통상과 관련된 쟁점보다는 한반도 평화가 시민단체의 관심 사안이었다. 트럼프는 선거 기간 두 번의 정상회담을 한 북한 김정은과의 사적 친밀 관계를 강조했다. 북미 관계의 개선도 시사했다. 트럼프는 행정부 출범 이후 북한을 '핵 국가(nuclear power)'로 인정하는 발언도 했다. 트럼프가 북한과의 협상을 원한다고 해석할 수 있는 인정이었다. 반면, 북한은 트럼프가 당선자 시절인 2024년 12월 말 조선로동당 중앙위원회 전원회의에서 "최강경대미대응전략"을 천명했다. 트럼프 취임 이후에는 한미 연합 군사훈련, 미국 전략 자산의 한반도 전개, 한미일 안보 협력 등에 대해서는 외무성과 국방성 명의로 비난 성명을 발표했다.

북미 관계에 접점이 형성되는 않은 시점인 2025년 1월 30일 미국의 50개 이상 평화 운동 단체들이 참여하고 있는 '코리아피스네트워크(Korea Peace Network)'는 미국의

40개 평화 운동 시민단체의 연명으로 트럼프 대통령에게 서한을 보냈다(전희경, 2025. 2. 1). 외교적, '평화 우선주의(peace-first)'적 접근을 담은 편지였다.[60] 평화 우선주의는 트럼프의 미국 우선주의(America First)를 생각나게 하는 표현이었다. 주요 요구 사항은, ① 한국전쟁의 종식, ② 점진적, 상호적, 검증 가능한 과정에의 동의, ③ 신뢰 구축과 긴장 완화를 통한 관계 정상화였다. 간략히 각 항의 내용을 정리한다.

한국전쟁의 종식

한국전쟁의 종식을 위해 정전 협정을 평화 협정으로 대체한다. 공식적 종전은 평화 협정으로 가능하다. 평화 협정으로 전쟁 상태를 끝낼 때, 군사적 긴장이 완화되고 인권의 향상, 비핵화와 같은 쟁점들에 대한 효과적인 관여가

60) 트럼프 대통령이 수신인이면서, 백악관의 국가안보보좌관 마이크 월츠, 쿠팡 이사였던 부보좌관 알레스 웡, 국무부 장관 마르코 루비오를 참조인으로 이메일로 보낸 "Letter Sent to the Trump Administration Regarding Korea Peace Priorities" 제목을 단 편지의 전문은 다음을 참조.
https://www.womencrossdmz.org/letter-sent-to-the-trump-administration-regarding-korea-peace-priorities/

증진될 수 있다. 공식적인 한국전쟁 종결은 항구적 평화와 북한의 핵무기 정당화의 제거를 위한 기초적 신뢰 구축 기제다.

점진적, 상호적, 검증 가능한 과정에의 동의

제재 완화, 안전 보장, 또 다른 유인' 없이 일방적으로 북한의 군축을 기대할 수 없다. '전부 아니면 무'라는 최대주의적(maximalist) 접근 대신 평화와 비핵화의 진전을 향한 점진적 · 상호적 접근을 선택해야 한다.

신뢰 구축과 긴장 완화를 통한 관계 정상화

평화 공존과 한반의 비핵화에 기초한 새로운 관계 설정을 합의한 2018년 6월 싱가포르 공동 선언의 재확인, 미국 여권 소지자의 북한 방문을 금지하는 여행 금지의 해제, 인도주의적 활동과 접근을 위한 제재 면제의 확대, 대규모 실사격 군사 훈련의 중단, 상호 연락사무소 건설, 추가적인 미사일 방어의 배치, 대화와 신뢰 구축을 저해하는 제재의 도입, 적대적 수사의 사용, 최고 지도자들 사이의 대화 거부와 같은 외교를 위축시키는 행동의 금지.

2025년 2월 21일 한국의 '한반도 평화 행동'에 참여하는 603개 한국의 시민단체와 80여 개 국제 파트너 단체도 "도

널드 트럼프 미국 대통령에 보내는 서한"을 발송했다. 제목은, "한국전쟁 종식과 평화 구축을 위해 나설 것을 촉구합니다"였다.[61] 미국 시민단체가 보낸 서한과 비슷한 구조였다. 두 서한의 같은 점과 다른 점이 있다. 첫째, 한국의 서한에는 한국전쟁을 공식적으로 종료하는 평화 협정에 대한 언급이 없다. 둘째, 2018년 6월 싱가포르 북미 공동 선언의 정신으로 돌아가자는 내용은 같다. 셋째, 남북 대화의 재개에도 기여할 것을 부탁했다. 넷째, 평화 우선주의적 접근은 같지만, 한미 연합 군사훈련의 중단, 대북 제재의 완화와 같은 한반도 평화를 위한 구체적 내용은 담겨 있지 않았다. 다섯째, 트럼프 행정부가 핵무기 없는 세상을 위해 노력할 것을 촉구했다. 한반도 비핵화를 위해서도 핵무기 없는 세상이 필요하다는 논리였다.

미국과 한국의 시민단체가 트럼프 행정부에게 보내는 서한은 한국 정부와 의회가 강조했던 한미 동맹에 대한 지지를 담고 있지는 않았다. 그러나 시민단체의 서한에서 한미 동맹 그 자체에 대한 문제 제기는 없었다. 미국 시민단체들은 한미 연합 군사훈련의 중단, 대북 제재의 완화를 언급했지만, 한국의 시민단체들은 한미 동맹의 조정 방안을

61) 전문은 https://endthekoreanwar.net/g/home/news/7/134 참조.

구체화하지는 않았다. 시점의 문제였겠지만, 트럼프 행정부의 관세를 무기로 한 폭정이 평화를 위협할 수도 있음을 언급하는 내용도 없었다.

기업의 대미 정책

한국의 대기업들은 탄핵 정국 속에서 '자율적 행위자'로 부상했다. 국가의 자본으로부터의 상대적 자율성과 같은 마르크스주의적 쟁점이 자본의 국가로부터의 상대적 자율성으로 역전된 형국이었다. 한국의 탄핵 정국 속에서 진행된 트럼프의 대통령 취임식에 한국의 대기업들은 거액의 기부금을 전달했다(차혜영, 2025. 4. 23). 현대자동차와 삼성전자는 각각 100만 달러와 31만5000달러를 기부한 것으로 알려져 있다. 미국 뉴욕 증시에 상장되어 있는 전자상거래 플랫폼 쿠팡도 100만 달러를 기부했다. 한화디펜스와 한화큐셀은 미국 법인을 통해 각각 50만 달러를 기부했으나, 이후 환불 처리된 것으로 보인다. 이유는 알 수 없다. 한국의 대기업들이 트럼프 취임식 기부금을 통해 트럼프 행정부와 직접 접촉한 것이다.

탄핵 정국 속에서 트럼프 2기 행정부가 출범하기 직전인 1월 19일 자본의 집합적 이해를 대변하는 대한상공회의소 회장 겸 2022년 기준 자산 총액이 GDP 대비 22%를 차지하는 'SK그룹' 최태원 회장은 무역 질서가 다자주의에서 양자주의로 바뀌고 있는 상황에서 과거와 같은 수출 주도형 경제 모델이 작동하기 어려울 것이라고 주장했다(김기환, 2025. 1. 20). 트럼프 시대를 예견하는 발언이었다. 한국의 과제로 "글로벌 경제 연대"를 제시했다. 미국, 중국, 유럽연합이 경쟁하는 세계 질서 속에서 수출 주도 경제 모델의 "룰 세팅(rule setting)"을 다시 할 파트너를 찾아야 한다는 의미였다. 연대의 대상으로는 일본을 꼽았다. SK하이닉스는 중국에 D램 반도체 공장, 패키지 공장, 낸드 공장을 운영 중에 있으면서, AI의 필수재인 고대역폭 메모리(HBM) 시장의 70%를 점유하고 있는 기업이다. SK하이닉스의 미국 매출 비중은 약 60%다. SK하이닉스는 2024년부터 미국 인디애나주에 AI 메모리용 패키징 생산 기지를 건설하고 있다.

2022년 기준 자산 총액이 GDP 대비 14% 수준인 '현대자동차그룹'은 트럼프 행정부 출범 이후 대미 직접 투자를 선택했다. 현대자동차그룹의 대미 수출량은 수출 물량의 절반 정도다. 3월 12일 트럼프 행정부가 철강에 대해 25% 관세를 부과하겠다고 발표하자, 현대자동차그룹은 3월 24일(현지 시간) 2028년까지 210억 달러(약 31조 원)를 미국에 투자하는 계획을 발표했다(이동희 · 류정민, 2025. 3.

25). 자동차의 현지 생산량을 늘리는 것은 물론 현대제철 해외 1호 생산 거점을 미국의 루이지애나주에 만드는 계획이다. 미국 내에 현대자동차 앨라배마 공장, 기아자동차의 조지아 공장에 차량용 강판을 제공하는 가치 사슬을 구축하려는 것이었다. 트럼프의 칭찬을 들었음은 물론이다. 트럼프의 관세 정책 목표가 미국 내 제조업 부활과 일자리 창출임을 보여 주는 사건이었다. 정의선 현대자동차그룹 회장은 미국 백악관에서 트럼프가 보는 앞에서 투자계획을 발표했다. 반면, 3월 14일 국내에서 현대제철은 전 직원 희망퇴직을 검토하는 비상 경영 체제를 가동했다(정지성, 2025. 3. 14). 대기업의 해외 직접 투자가 한국에서 일자리 감소, 미국에서 일자리 증가로 이어질 수도 있는 상황의 도래다.

2022년 기준 자산 총액이 GDP 대비 22%인 '삼성그룹'의 이재용 회장은 3월 28일 중국의 시진핑을 만났다. 미국의 퀄컴, 독일의 BMW, 메르세데스-벤츠, 한국의 SK하이닉스 등의 최고 경영자와 함께였다. 시진핑은 다국적 기업의 대표들에게 중국이 안전한 투자처라고 말했다고 한다. 2024년 삼성전자의 매출 가운데 중국이 31.05%였다. 주요 지역 중 1위였다. 미주 지역 매출은 29.34%였다. 삼성전자는 미국 텍사스주에 파운드리 공장 건설을 완료했지만, 파운드리 부문의 적자와 장비 반입 때 발생하는 관세 때문에 고민하고 있다(황민규, 2025. 4. 22). 삼성전자는 트럼프 행정부 출범 전인 1월 중순 미국 상무부에 중국에 대한 미국의 첨단 기술 제재가 중국의 반도체 자립도를 제고하는 의도하지 결과를 빚을 수 있다는 의견서를 제출했다고 한다(박해리, 2025. 4. 25). 파운드리 기업인 삼성전자가 고객의 정보를 미국에 분기마다 보고해야 하는 규제가 기존의 중국 팹리스 고객사를 잃게 할 수도 있기 때문이었다. 중국 매출이 1위를 차지하는 삼성전자의 고민이 엿보이는 대목이다.

SK하이닉스, 현대자동차, 삼성전자 등 한국의 대기업들은 이후 미중 관세 전쟁이 격화되는 와중이었던 탄핵 정국 속에서 각자의 이해관계를 고려한 선택을 했다. SK하이닉스와 삼성전자는 미국과 중국 사이에서 줄타기를 할 수밖에 없는 상태다. 반면, 현대자동차그룹은 높은 미국 의존도를 보이고 있는 조건하에서 직접 트럼프를 찾아 대미 투자를 늘리는 길을 갔다. 탄핵 정국 속의 한국 정부는 각개 약진하는 대기업과 함께 '경제 안보 전략'을 논의하는 장을 제도화했다. 그러나 국가와 자본이 하나의 전략적 노선을 만드는 것은 불가능해 보일 뿐만 아니라 기업의 입장에서 보면 적절하지 않은 것처럼 보인다. 트럼프 시대에 정부와 의회가 한미 동맹을 중심축으로 하는 외교 정책을 설계하고 있지만, 한국의 대기업에게는 생존을 위해서도 시장의 다변화가 불가피한 선택이 될 수밖에 없다.

몇 가지 제언: 결론에 대신하여

탄핵 정국은, "종북 반국가 세력"과 같은 표현처럼 경쟁하는 정치 사회 세력을 관용하지 않으려 할 때, 비상계엄 선포와 같은 대통령의 제도적 권리를 자제하지 않을 때 왔다(Levitsky & Ziblatt, 2018/2018). 트럼프의 재등장과 함께 시작된 제국의 폭정도 상대국에 대한 관용의 결여와 대통령이 가지는 제도적 권리의 남용, 기존 국제 제도에 대한 무시를 통해 이루어지고 있다. 탄핵 정국과 제국의 폭정이라는 이중고 속에서 한국의 외교 정책은 다양한 행위자들의 각개 약진으로 나타났다. 과도 정부는 한반도 상황의 안정적 관리를 추구하면서도 미국의 강제에 순응했다. 한미 동맹을 중심축으로 하는 외교 정책을 선택하는 경로 의존적 길이었다. 의회는 의도적인 과시, 과도의 친미의 길을 가고자 했다. 과도 정부와 의회가 익숙한 한미 동맹 중심의 외교 정책을 생각한 반면, 시민 사회는 한미 동맹의 조정이 포함된 북미 관계의 개선을 통한 한반도 평화의 길을, 기업은 미중 다툼 속에서 계산을 통한 생존의 길을 모색했다.

새 공화주의적 시각에서, 탄핵 정국과 제국의 폭정은 '평화 공존'과 '공동 번영'의 규범의 필요로 읽힌다. 두 규범은 '힘의 정치(power politics)'와 '자본의 전횡'을 제약하는 국제 관계의 민주화를 통해 달성될 수 있는 목표다(구갑우, 2007). 새 공화주의적 시각에서 남북 관계와 한미 관계를 관통하는 규범적 · 규제적 이상도 서로 '비지배 자유'를 향유하는 '평화 공존'과 '공동 번영'으로 정의할 수 있다. 공화주의의 한 구성 요소인 견제하는 시민들을 제도화한 시민 의회 성격의 '한반도 미래 공론화위원회'의 설립을 통해 대북 정책, 대미 정책을 구성하는 경로를 제시한다(윤호창, 2025. 5. 12; Grant, 2013 참조). 우리는 신고리 5 · 6호기 공론화위원회, 연금 개혁을 위한 공론화위원회 등을 경험한 바 있다. 국내적 갈등의 진앙인 외교 정책에도 공론화위원회를 도입하자는 것이 이 글의 제언이다.

'한반도 미래 공론화위원회'가 논의해야 할 대북 정책, 대미 정책과 관련된 의제는 다음과 같다. 남북미의 평화 공존과 공동 번영을 위한 의제들이다.

1) 한반도 핵전쟁 예방을 위한 선제적 조치가 필요하

다. 탄핵 정국 속에서 남북은 군사적 자제를 실천했다. 한반도에서의 군사적 충돌은 자칫 핵전쟁으로 비화될 수 있다. 따라서 다음 정부는 '한반도 미래 공론화위원회'가 만들어지기 전이라도 선제적으로 상대에 대한 일체의 적대 행위를 전면 중지하는 약속인 '9 · 19 군사 분야 합의'를 복원해야 한다. 접경 지역에서의 군사 훈련, 대북 확성기 방송을 중단하고, 민간단체가 대북 전단을 살포하지 않도록 설득해야 한다. 더 나아가 한미 연합 군사훈련의 중단, 핵 관련 전략 자산의 한반도 전개 금지 등을 공론화위원회 의제로 설정한다.

2) '한미 동맹 우선'의 외교 정책에 대한 전면적 재검토의 의제화다. 탄핵 정국 속에서 과도 정부와 의회는 한미 동맹을 신성불가침의 영역으로 만들고자 했다. 단기적으로는, 통상 관련 한국의 대미 협상력을 떨어트리는 선택이었다. 그러나 한국의 의지와 상관없이 미국의 트럼프 행정부는 한미 동맹의 구조 조정을 통상 협상의 지렛대로 사용할 것이다. 더 나아가 트럼프 행정부는 미국 우선의 관점에서 한미 동맹의 해체를 시도할 수도 있다. 일각에서는, 한국이 반중 전선의 전초 기지가 되는 방식으로 한미 동맹을 유지하려 하지만, 그 길은 한국의 안보를 위험에 빠뜨릴 뿐이다. 반중 연대는 트럼프 행정부를 설득할 수 있는 담

론도 아니다. 극단적 가정이지만 한미 동맹의 해체까지를 생각하면서, 한국이 어떤 안보 대안을 가져야 하는지를 토론할 수 있어야 한다. 예를 들어, 다시금 한반도가 포함된 역내에서 다자 안보 협력을 대안으로 고려해 볼 수 있다.

3) 한반도 비핵화와 군축의 의제화다. 탄핵 정국 속에서 미국의 트럼프 행정부는 조선(북한)을 반격 능력을 가진 핵 국가(nuclear power)로 인정하는 발언을 했다. 조선이 핵 국가로 인정받는다고 해서, 한반도 비핵화의 의제가 사라지는 것은 아니다. 억제의 균형에 도달했을 때, 경쟁하는 행위자들 사이에 협력의 가능성이 열릴 수 있다. 핵무기가 포함된 군축을 논의하는 남북 대화, 북미 대화가 이루어져야 한다. 한국은 군사적 쟁점을 우선 논의할 수 있는 남북 대화의 재개를 시도하지만, 남북 대화가 재개되지 않더라도, 북미 대화/북일 대화를 적극 지지하는 입장을 가질 수 있는지를 논의해야 한다. 한반도 비핵화와 군축이 의제화되지 않는다면, 한국전쟁을 공식적으로 종결하는 평화 협정의 길을 갈 수 없다.

4) 공동 번영의 남북 관계, 한미 관계의 의제화다. 경제적 측면에서 비지배 관계의 확립에 대한 논의가 필요하다는 것이다. 조선의 두 국가론은 남북 경제 협력이 흡수 통일의 기도였다는 그들의 해석에 기초한 것이었다. 과도 정

부가 추진한 한미 협상은 비지배로서 한미 관계를 목표로 하지 않은 정당하지 못한 시도였다. 다음 정부는 긴급한 과제로 한미가 상생할 수 있는 한미 협상을 고민할 수밖에 없을 것이다. 공론화위원회에서는 보다 근본적으로 남북 관계, 한미 관계를 평등하고 공정한 관계로 전환할 수 있는 방안을 논의해야 한다. 더 나아가 공론화위원회는 한국의 시각에서 평등하고 공정한 국제질서가 어떤 것인지를 묻는 장이어야 한다.

5) 한반도 평화 공존의 국내적 토대를 마련할 수 있는 의제의 설정이다. 무엇보다도 비지배로서의 남북 관계를 만들기 위해서는, 흡수 통일 정책의 근거가 되는 헌법 3조와 4조, 그리고 조선을 반국가 단체로 상정하는 국가보안법의 개정을 논의할 수 있어야 한다. 대북 정책을 담당하는 통일부를 한반도의 평화 공존을 지향하는 평화부로 바꾸는 것도 의제가 될 수 있다. 경제 성장과 안보의 필요 때문에 주목의 대상이 되고 있는 K-방산이 한반도 평화를 저해할 수 있다는 문제 제기도 논의의 대상이 되어야 한다. 시민 사회 수준에서 평화 공존과 공동 번영의 문제의식을 확산시킬 수 있는 평화 교육과 사회적 대화를 어떻게 제도화할 것인가도 의제로 설정되어야 한다.

참고문헌

구갑우(2007). 『국제관계학 비판: 국제관계의 민주화와 평화』. 서울: 후마니타스.

구갑우(2024). 트럼프의 민중주의적 외교정책 담론과 한반도. 『수은북한경제』, 겨울호.

구갑우(2025). 신공화주의적 평화의 길. 『동향과 전망』, 123호, 137~179.

김경수(2025, 4, 25). "한국이 최선안 가져왔다" 美장관 흡족 … 한덕수 조기 타결하나. 『파이낸셜뉴스』 https://v.daum.net/v/20250425045716643 (검색일: 2025. 4. 25).

김기환(2025, 1, 20). 세계 경제 질서 변화 주목한 최태원 … "수출주도 모델, 룰 세팅 다시 해야". 『중앙일보』. https://www.joongang.co.kr/article/25308596 (검색일: 2025. 4. 5)

김원철(2025, 3, 17). 미국 전문가, 민감국가 지정은 모욕 … "윤석열 핵무장론 · 계엄 영향". 『한겨레』. https://www.hani.co.kr/arti/international/america/1187149.html (검색일: 2025. 4. 5).

김은중(2025, 3, 18). 돈줄 끊는 트럼프 … 국내외 북인권운동 고사위기. 『조선일보』. https://www.chosun.com/international/us/2025/03/18/WKKBC3KOPFESHAIUZEWN634AP4/ (검색일: 2025. 4. 5).

김인준(2002). 『국제경제론』. 서울: 다산출판사.

김종대(2025, 1, 16). 전시작전통제권에 대한 반성적 회고. 『경향신문』.
https://www.khan.co.kr/article/202501162100075 (검색일: 2025. 4. 5)

김지숙(2025, 1, 16). '비상계엄 사태'에 불쾌한 바이든 … 침묵 중인 트럼프. 『BJC저널』.
https://www.kbjc.net/news/articleView.html?idxno=20334 (검색일: 2025. 4. 5)

김지윤(2024, 12, 5). 미 국무부 "비상 계엄 불법" 언급 … 미 싱크탱크는 "한미동맹에 부정적". 『뉴스타파』.
https://www.newstapa.org/article/aMTda (검색일: 2025. 4. 5).

김형구 · 박태인(2025, 4, 9). 한덕수-트럼프 28분 첫 통화 … 관세 · 방위비 '원스톱 협상' 예고. 『중앙일보』.
https://www.joongang.co.kr/article/25327127 (검색일: 2025. 4. 15)

문재연(2024, 12, 14). 윤 탄핵 사유 '가치외교' 놓고 미 "왜 넣었나" 중 "왜 뺏나". 『한국일보』.
https://www.hankookilbo.com/News/Read/A2024121310150002193

박해리(2025, 4, 25). 삼성, 미 정부에 기밀의견 냈다 … "미 규제, 중 밀어줄 수도". 『중앙일보』.
https://v.daum.net/v/20250425050119793?x_trkm=t (검색일: 2025. 4. 26).

백영서(2022). 경계를 횡단하는 조소앙과 변혁적 중도주의. 『개벽의 사상사』(222~250쪽). 파주: 창비.

신욱희(2010). 『순응과 저항을 넘어서: 이승만과 박정희의 대미정책』. 서울: 서울대학교출판문화원.

윤호창(2025, 5, 12). '시민의회'를 통해 제7공화국을 생각한다. 『이로운넷』. https://www.eroun.net/news/articleView.html?idxno=56202 (검색일: 2025. 5. 12).

이기호(2025). 시민국가와 아시아 공화권. 구갑우 외. 『탄핵 이후, 새로운 공화국을 위하여』(89~119쪽). 서울: 박영률출판사.

이동희 · 류정민(2025, 3, 25). 정의선 '31조 원' 투자 … 미서도 "쇳물부터 자동차까지" 수직계열화. 『뉴스1』. https://v.daum.net/v/20250325040303356 (검색일: 2025. 4. 5)

이영아(2024). 대북전단금지법, 접경지역 주민 생명 위협하는 대북전단. 『참여사회』, 7-8월. https://www.peoplepower21.org/magazine/1969952 (검색일: 2025. 4. 5)

이일영(2025). 한반도 체제 카오스와 '새 공화주의' 비전. 구갑우 외. 『탄핵 이후, 새로운 공화국을 위하여』(67~88쪽). 서울: 박영률출판사.

이제훈(2024, 12, 16). 윤석열 탄핵 가결되자 돌변한 통일부 "대북전단 신중해 달라". 『한겨레』, 12월 16일. https://v.daum.net/v/20241216122003810 (검색일: 2025. 4. 5)

이제훈(2025, 4, 1). 북 '쓰레기풍선' 사라졌다 … 윤석열 탄핵 '뜻밖의 평화 효과'. 『한겨레』. https://www.hani.co.kr/arti/politics/defense/1189705.html (검색일: 2025. 4. 5)

이하원(2025, 3, 18). 민주당이 한미동맹 결의안 먼저 발의한 이유. 『조선일보』.

https://www.chosun.com/politics/diplomacy-defense/2025/03/16/IT4E75QVOFBEPE3G5R2PNWV3TI/〉 (검색일: 2025. 4. 5)

이효상(2025). 링거 맞고 코피 쏟고, 광장의 최전선에 그들이 있었다. 『주간경향』, 4월 21일.

전희경(2025, 2, 1). 미국 시민단체들, 트럼프 행정부에 코리아 평화 촉구 서한 전달. 『오마이뉴스』.
https://www.womencrossdmz.org/letter-sent-to-the-trump-administration-regarding-korea-peace-priorities/ (검색일: 2025. 4. 5)

정지성(2025, 3, 14). 노조 "번 돈보다 성과급 더 달라" 떼쓰기에 … 현대제철 '극약처방'. 『매일경제』.
https://www.mk.co.kr/news/business/11264273 (검색일: 2025. 4. 5)

정혜민(2025, 4, 20). "김용현 취임 뒤 오물풍선 경고사격 지시, 계엄 명분 만들기라 생각". 『한겨레』.
https://www.hani.co.kr/arti/society/society_general/1190157.html (검색일: 2025. 4. 5)

차대운 · 이슬기(2024, 12, 1). 안덕근 "미 오일 · 가스 수입 확대 여지 … 첨단소재 등 공급망 다변화 작업". 『연합뉴스』.
https://n.news.naver.com/mnews/article/001/0015076932?rc=N&ntype=RANKING (검색일: 2025. 4. 5)

차혜영(2025, 4, 23). 트럼프 취임식, 삼성전자 · 현대차 · 쿠팡 등 거액 기부. 『알파경제』.
https://kr.investing.com/news/stock-market-news/article-1449860 (검색일: 2025. 4. 25)

황민규(2025, 4, 22). "적자 뻔한데" … 미 파운드리 공장 다지어놓고 고심하는 삼성전자. 『조선일보』. https://biz.chosun.com/it-science/ict/2025/04/22/N76ZE3WL5NEF5JV7QL3DZ266OM/ (검색일: 2025. 4. 25)

황인혁 · 이진명 · 박만원 · 손재권(2016, 12, 5). 고립되는 한국외교 … 트럼프 측 "죽은 정부와 상대 안 해". 『매일경제』. https://www.mk.co.kr/news/world/7605084 (검색일: 2025. 4. 5)

Grant, J.(2014). Canada's republican invention? On the political theory and practice of citizens' assemblies. *Political Studies, 62*, 539~555.

Levitsky, S., & Ziblatt, D.(2018). *How democracies die*. Crown. 박세연 (역)(2018). 『어떻게 민주주의는 무너지는가: 우리가 놓치는 민주주의 위기 신호』. 서울: 어크로스.

Martin, L.(2000). *Democratic commitments*. Princeton: Princeton University Press.

Pettit, P.(1997). *Republicanism : A theory of freedom and government*. 곽준혁(역)(2012). 『신공화주의: 비지배자유와 공화주의 정부』. 파주: 나남.

04

공화주의적 시민국가론을 위한 시론

지역 주권-연방제와 아시아 공화권

이기호 한신대학교

머리말

이 글은 공화주의 사상에 기반한 국가론의 관점에서 제6공화국 민주주의의 근본적인 한계를 비판적으로 검토하며 그 대안으로 '시민국가(civic state)' 개념을 제안해 보는 것을 목적으로 한다. 대한민국의 헌정사는 크게 보면 민주화 이전과 이후 곧 1987년 체제 전후로 나눌 수 있다. 올해로 38년째가 되는 제6공화국은 최초로 선거에 의한 여야 정권 교체가 제도화되었으며 이 기간에 대통령은 9명에 이른다. 단순히 정권 교체만으로 6공화국에서 경험하고 있는 민주주의의 한계를 극복하기는 어려워 보인다. 더 근본적으로 국가의 성격 자체를 변화시키는 것이 필요하다. 이 글에서는 민주주의를 한 축으로 하고 공화주의를 또 다른 축으로 하여 기존의 국가와는 체질이 다른 시민국가를 제안해 보고자 한다.

시민국가는 학계에서 본격적으로 논쟁이 된 적이 드물기 때문에 시민국가의 개념과 위상을 정립하려는 본 글은 시론적 성격을 가질 수밖에 없다. 시민국가는 시민의 덕성과 공공성을 기반으로, 민주주의와 공화주의의 원칙을 통합해 구성하는 것인 만큼 대한민국 헌법 제1조에 명시된 민주 공화국으로의 회복이기도 하다. 공화주의의 원칙으로는 신공화주의 담론을 국가론의 관점에서 소개하고 토론하는 방식을 취하고자 한다. 신공화주의 이론들은 현재의 민주주의를 비판적으로 성찰하고 국익을 최우선으로 여기며 점차 우경화해 가는 선진국들의 현상에 대해 통찰점을 제공하기 때문이다.

다만 신공화주의 이론은 서구 중심적 맥락에서 이루어졌다는 점에서 우리의 문제를 다루는 기준점으로 삼을 때에는 비판적으로 독해할 필요가 있다. 예컨대 비지배 자유의 개념을 국가 간의 관계로 확장할 경우, 아시아의 국가 간 관계는 비대칭적 구조와 역사적 맥락이 다르기 때문에 일국 차원에서 유용했던 공화주의 담론을 현실에 적용하기 어렵다. 중화주의(中華主義)라는 오래된 제국주의와 샌프란시스코 체제를 통해 아시아의 안보와 진영 외교에

깊숙이 개입해 온 미국, 그리고 주변국을 식민지화했던 일본과의 역사적 갈등 등은 유럽과는 다른 지역적/역사적 배경을 갖는다. 이러한 이유로 본 글에서는 서구의 신공화주의 이론과 더불어 아시아적 맥락에서 제기된 이론과 관점을 비판적으로 수용하면서 동아시아 국제 관계로서 공화주의 개념을 확장해 보고자 한다.

무엇보다 분단 체제라는 한반도의 특수성이 동북아시아 지역의 분단 체제와 긴밀하게 연동되어 있기 때문에 일국 차원에서 국가론은 불완전할 수밖에 없다. 한국 사회의 민주화 혹은 민주주의를 일국적 차원으로만 다룰 수 없는 이유이기도 하다.

신공화주의 담론 또한 국제 관계에서의 공화주의에 관한 논의가 심화될 필요가 있다. 물론 공화주의 담론도 로마의 공화정이나 마키아벨리 시대의 다양한 공화정에 대한 이론들은 국가 간의 관계를 전제하고 있다. 다만 국제 관계로서의 공화주의 혹은 글로벌 공화주의에 관한 논의는 유럽과 아시아가 다를 수밖에 없다. 역사적 조건과 국가의 유형이 다르고 국가 간의 관계 또한 다르기 때문이다. 이러한 역사 및 지정학적 차이는 동북아시아와 동남아시아에서도 서로 다른 관계를 형성하고 있다. 예컨대 제2차 세계 대전 이후의 질서만 하더라도 동북아는 냉전 체제를 분단 체제로 고착화시켰지만 동남아는 반둥회의 등을 통해 통합의 계기를 스스로 만들어 왔다.

이러한 문제의식을 바탕으로 제2장에서는 제6공화국 민주주의의 근본적인 한계를 설명하고 신공화주의자들의 국가론에 대한 개념을 고찰함으로써 그 유용성과 한계를 살펴보고자 한다. 제3장에서는 아시아의 맥락에서 시민국가의 전통을 고찰하고 이를 바탕으로 그 위상을 재구성해 보고자 한다. 제4장에서는 시민국가의 틀을 갖추는 방식으로 지역 주권(local sovereingty)의 중요성을 언급함과 동시에 연방제의 필요성을 설명한다. 제5장에서는 동북아에 내재된 분단 체제가 동북아 국가만으로는 극복하기 어려운 현실을 인정하고 그 대안으로 동남아와의 협력을 통해 아시아 공화권을 형성해 갈 것을 제안한다.

그러나 이러한 제안은 이론과 현실을 접목해 보는 과정에서 많은 논쟁들이 있을 수밖에 없다. 그럼에도 불구하고 내부적으로는 진영 논리에 갇히고 외부적으로는 분단 체제의 장벽에 막혀서 민주주의가 퇴행하고 있는 현실에서 공화주의에 기초한 시민국가 담론은 의미가 있다고 판단한다.

신공화주의 국가론의 재구성

신공화주의 담론은 민주화 이후 한국 민주주의가 왜 후퇴할 수밖에 없는지에 대한 이유를 설명하고 대안을 모색할 수 있는 중요한 근거를 제시한다. 2000년을 전후해 공화주의에 대한 관심이 집중된 이유이기도 하다(곽준혁, 2008, 2009; 김경희, 2022). 신공화주의는 정치사상에만 머물지 않고 현실 정치에 개입할 수 있는 준비된 이론[62]이기도 하다. 이 절에서는 1987년 체제의 한계를 극복하고 새로운 공화국을 열어 가는 데 왜 신공화주의 이론이 필요한지를 설명하고 동시에 그 한계에 대해 비판적 검토를 하고자 한다.

---

62) 페팃의 신공화주의 이론은 2000년 스페인 사회노동당(POSE)의 당수로 자파테로(JoséLuis Zapatero)가 선출되면서부터 현실 정치에서 적극적으로 적용되었다. 그 자신이 법학자였던 자파테로는 페팃의 신공화주의 담론이 스페인 사회노동당의 정치적 문법이자 나아가야 할 방향이라고 언급했다. 사회노동당이 2004년 총선에서 승리하면서 자파테로가 총리로 당선되었다. 그는 페팃을 초대했고 페팃은 스페인의 대중이 공화주의에 대한 편견을 가질 수 있으므로 공화주의 대신 시민주의(civicism)라는 명칭을 사용할 것을 권고하는 등, 스페인 사회노동당의 정강을 바꾸는 작업 등에도 참여한 바 있다(곽준혁, 2012, 12～13쪽 참조).

제6공화국 민주주의의 한계

제6공화국 곧 1987년 체제의 근본적인 한계는 크게 보면 분단 체제를 극복하지 못하고 있다는 점과 제6공화국이 만들어 낸 헌정주의의 한계로 요약될 수 있다. 그러나 가장 큰 문제는 민주주의의 핵심적 기관인 의회 정치가 제대로 기능을 수행하지 못하고 있다는 점이다. 정당은 공당(公黨)으로서 시민들의 기대와 요구를 효율적으로 수렴하지 못할 뿐 아니라 시민들의 참여를 확대하거나 제도화지 못함으로써 대표성도 상실해 가는 경향을 보여 왔다. 그동안 정당은 권력 창출에만 몰두했음에도 불구하고 정권 재창출에 필요한 정치적 비전과 정책, 시민들의 지지, 그리고 유능한 후보군의 육성조차도 제대로 수행해 내지 못하는 무능함[63]을 보여 왔다. 심지어 당선 가능성이 높다고 판단되면 외부의 인물을 영입함[64]에 주저함이 없을 만큼 정치

---

63) 2000년 총선에서는 시민 단체의 낙선 운동에 속수무책이었고 새천년민주당은 최초로 국민 참여 경선제를 도입해 노무현 후보를 대선 후보로 만들고 당선시켰음에도 불구하고 1년도 안 되어 분당하고 그 뒤 반년도 안 되어 탄핵 소추를 가결시켰다.

64) 정치권의 인물에 대한 실망은 2011년 안철수 신드롬을 만들었다. 2022년 국민의 힘은 문재인 정부의 검찰총장이었던 윤석열을 영입했고 2025년 현재에는 당내 경선을 통해 후보를 선출했음에도 불구

적 책임성을 찾아보기 어렵다. 여야 모두 일관된 비전과 정책을 제시하지 못할 뿐 아니라 필요하면 언제든지 이합집산하고 당의 간판을 바꿔 달았다. 신공화주의 관점에서 보면 효과성과 대표성을 모두 결여하고 있는 것이다 (Pettit, 2008).

제6공화국의 한계가 드러나기 시작한 시점은 2002년을 전후한 시점이라고 판단된다. 이미 1997년 국가 부도에 따라 IMF의 관리 체제를 경험하면서 일상이 무너지고 경제적 위기를 온 몸으로 경험한 시민들은 금 모으기 운동을 비롯해 금융 위기의 극복에 적극적으로 나섰다. 그 뒤, 2002년의 월드컵 응원전을 통해 서로에 대한 신뢰를 키워 갈 수 있었고, 여중생 미군 장갑차 참사에는 촛불 시위로 분노를 표출하며 고난과 환희를 공유했다. 시민들의 직접 정치 참여가 가시화된 것은 2000년 16대 총선에서 낙선 운동을 통한 시민들의 정치 참여가 커다란 영향을 미친 것이 계기가 되었다. 또 하나 주목할 만한 것은 정치적 팬덤을 통한 자발적이지만 집단적인 정치 모임인 노사모(노무현을 사랑하는 사람들)[65]의 등장이다. 낙선 운동, 노사모, 그리고 광

하고 한덕수 전 대통령 권한대행을 후보로 영입하는 등 당선 가능성에만 초점을 두어 후보를 선정하고 있다.

장의 정치는 2002년 노무현이 대선에서 승리하는 일련의 과정에 결정적인 역할을 했다. 2004년 노무현 대통령의 탄핵 소추가 발휘되었을 때, 탄핵 무효를 외치던 광장의 정치는 여의도 정치와 더불어 시민들의 새로운 정치적 공간으로 자리를 잡는 확실한 계기가 되었다. 대중 스스로가 정치화하기 시작한 것으로 이해할 수 있다(김성일, 2017).

광장의 정치는 1980년대 민주화 운동의 시위와는 전혀 다른 양상을 띠었다. 남녀노소가 모두 참여할 수 있는 평화로운 공간이며 각자가 발언할 수 있는 토론의 장이 되었다. 동시에 인터넷을 통한 광범위한 소통 구조를 통해 특정한 시공간을 정치 참여의 공간으로 구성한다는 점도 과거 운동과는 커다란 차이를 보여 주고 있다. 2004년 이후, 광장 정치는 2008년 미국산 쇠고기 수입 반대, 2014년 세월호 참사 진상 규명, 2016년 박근혜 탄핵, 2024년 윤석열 탄핵 등에서 한국 정치를 움직이는 직접 민주주의의 한 형

---

65) 노사모는 2000년 4월 13일 열린 16대 총선에서 새천년민주당 후보로 부산에서 출마한 노무현 후보가 지역주의의 벽을 넘지 못하고 낙선한 것에 아쉬움을 느꼈던 시민들이 인터넷을 통해 자발적으로 결성한 최초의 정치인 지지 단체(팬클럽)다. 2009년 노무현 전 대통령의 서거로 그동안의 기록 서버를 노무현 재단에 기증하고 그해 9월 23일 해산했다.

식으로 작동하고 있다. 그러나 이러한 시민들의 직접적인 참여는 제6공화국 정당 정치의 한계에 대한 대응이라는 점에서 1987년 체제가 더는 정상적으로 작동하기 어렵다는 것을 입증하는 것이기도 하다.

또한 6공화국의 헌법 역시 그 한계를 드러내고 있다. 1987년 헌법은 1980년대 민주화 운동의 요구를 수렴해 내는 심도 있는 논의를 통해서가 아니라 직선제 개헌이라는 권력 구조 개편에만 초점을 두었다. 그 과정 또한 여야 8인 회의에 의해 빠르게 처리됨으로써 당시의 민주화 운동 혹은 시민 사회의 정치와 괴리되는 방식으로 진행되었다(강원택, 2017; 서복경, 2019 한상희, 2022). 2000년을 전후해 등장한 광장의 정치는 시민들이 능동적으로 권력을 행사할 수 있는 국민 발안이나 국민투표, 국민 거부, 국민 소환제와 같은 인민 주권의 제도화(한상희, 2022) 등이 결여되어 있다. 게다가 1987년과는 근본적으로 달라진 사회 변화를 6공화국 헌법으로는 대처하기 어렵다. 예컨대 국내 체류 외국인이 2024년 기준으로 5.17%를 차지하고 있지만 헌법은 '국민'만 명시하고 있을 뿐 노동, 여행, 유학, 혼인, 난민 등 다양한 외국인들에 대한 권리와 책임에 대해 명시된 바가 없다. 기후 변화에 따른 생태 문명의 중요성이 증가하고 있고 인공지능과 같이 과학기술이 새로운 윤리를 요구하고 있지만 그 또한 반영되어 있지 않다. 지금의 헌정주의로는 새로운 변화에 대한 사회적 책임과 능동적인 역할을 담당하기 어려운 만큼 이에 걸맞게 개정되어야 한다.

6공화국이 시작될 때를 돌이켜보면 두 가지 핵심 과제가 있었다. 분단 체제의 극복 없는 민주주의가 불완전한 만큼 남북 간의 정전 체제를 평화 체제로 바꾸어 내는 일이다. 다른 하나는 완전한 지방 자치의 실현을 통한 중앙과 지방 간의 상하 관계를 수평적으로 바꾸어 내자는 것이다. 물론 전자의 경우 1991년의 「남북기본합의서」를 비롯해 수차례의 남북 간 정상회담 및 합의문, 그리고 개성공단과 금강산 관광을 통한 남북한 협력이라는 비약적인 발전이 있었던 것도 사실이다. 또한 1995년부터 지방 자치의 전면적 실시가 이루어진 것도 커다란 진전으로 평가할 수 있다. 그러나 분단 체제는 언제나 전진과 후퇴를 반복하는 불안정성을 보였고 최근에는 「남북기본합의서」를 사실상 부인하는 '두 국가 체제'가 제기되고 있다. 지방 자치 역시 절차적 차원에서는 지방 의회와 단체장을 직선으로 구성하지만 실질적인 지방의 자율성은 여전히 중앙에 의존적인 형태로 남았다.

오히려 분단 체제와 지방 자치의 문제는 최근에 더 심

각해졌다고 볼 수 있다. 남북 간의 분단 체제보다 동북아의 분단 체제가 미중 간 경쟁과 갈등으로 더욱 구조화되고 있을 뿐 아니라, 남남 갈등이라는 남한 내의 분단 체제가 진영 논리와 확증 편향 그리고 적대주의 등을 통해 더욱 심화되었기 때문이다. 남남 갈등은 정치권의 이해관계에 따라 오히려 확증 편향과 진영 논리를 확대시킴으로써 마음의 분단이 더욱 강화되는 결과를 낳았다. 지방 자치도 제도는 실시되었지만 수도권으로의 집중은 더욱 강화되어 지방은 지역 소멸이라는 심각한 위기를 맞이하는 상황에 이르렀다.

결론적으로 제6공화국은 1987년 헌법이 만들어 낸 헌정주의의 한계는 물론이고 정당 정치가 보여 준 정치의 실종, 그리고 1997년 신자유주의에 의한 사회적 양극화, 수도권 집중에 따른 지방의 형해화, 그리고 분단 체제의 내면화 등 누적된 모순과 불평등이 한계점에 이르고 있다. 이러한 문제는 짧은 시간 내에 해결할 수 없다. 또한 대의 민주주의라는 제도를 손질하는 것만으로도 해결하기 어렵다. 정치인들의 임기 4년 혹은 5년 단위가 아니라 20년, 50년, 혹은 100년이라는 장기간의 미래를 내다보며 지속적으로 변화시켜야 하며 거기에 합당한 신중하고 합의된 비전과 정책이 만들어져야 한다.

신공화주의 국가론: 자유주의와 공동체주의의 조화 그리고 국가 간 관계

신공화주의 사상은 결국 국가론에 관한 것이다. 신공화주의는 서구 사상의 두 축을 형성하고 있는 자유주의와 공동체주의의 장점이 무엇인지를 드러내고 이들과의 차이점을 밝히면서 국가의 유용성을 강조하고 있다. 먼저 비롤리(Viroli)는 자유주의 전통이 국가나 타인들의 자의적 간섭에 대해 개인의 자유와 인권을 수호해 내는 데 큰 성공을 거두었다는 점을 인정한다. 그러나 '간섭의 부재' 상태의 자유에 대한 개념을 제대로 설명하지 못한다고 평가한다. 자유주의자들은 이 공백을 평등이나 정의라는 다른 이상을 통해 실현하고자 했으나 '예속(servitude)'[66]으로 인한 시민적 자유를 제대로 지켜 내지 못했다 (Virolli, 1999/2006). 이들에 의하면 소수자 및 약자는 국가의 간섭을 통해 이들이 지배당함으로써 잃을 수 있는

66) 비롤리는 장자크 루소를 인용하면서 예종(servitude)과 복종(obedience)을 구분하여 사용하고 있다. 곧 '자유로운 인민은 복종하지만 예종하지 않으며 지도자는 두지만 주인은 두지 않는다. 자유로운 인민은 오직 법에만 복종하며 타인에게 예종될 수 없는데 이것은 법의 힘 때문이다.' (Viroli, 1999/2006, 44쪽)

이들의 권리와 자유를 보호해야 한다는 것이다.

곧, 신공화주의는 다음과 같은 원칙하에서 국가의 정당한 간섭을 강조하고 있다. ① 비지배(non-domination)의 원칙, ② 법에 근거한 정치(헌정주의), ③ 시민적 견제력의 회복 등이다. 곧 국가의 간섭이 누군가에게 자의적 지배가 되지 않고 복종(obedienc)할 수 있도록 하는 비지배 자유(freedom as non-domination)가 핵심적 원리로 작동해야 한다는 것이다. 페팃은 헌정주의의 원칙을 세 가지로 제시한다. 첫째, 법이 가지는 형식이다. 법은 보편적이며 입법자를 포함해 누구에게나 평등하게 적용되어야 한다. 또한 미리 공지되어야 하며 이해 가능하고 일관성을 가져야 한다. 둘째, 3권 분립을 기본으로 하는 권력 분산이다. 페팃은 실질적 권력 분산을 위해서 사회의 다양한 배경을 대표할 수 있는 의회 양원제와 권력의 탈집중화를 위한 연방제를 제안한다. 특히 의회 구성의 원칙에 대해 혼합 정체의 성격을 강조했다는 점과 권력이 중앙에 집중되지 않도록 지방 분권을 강조한 점은 이 글에서 다루고자 하는 시민국가론에 중요한 의미를 제공한다. 셋째, 반다수결의 조건(the counter-majoritarian condition)이다. 이 조건은 다수가 언제나 옳은 것은 아니며 다수에 의한 자의적 권력 행사에 대한 견제가 필요하다는 것이다. 페팃은 시민적 견제 혹은 견제적 민주주의를 대안으로 제시하고 있다(Pettit, 1997).

공동체주의와 신공화주의는 모두 시민적 덕성(civic virtue)을 강조한다. 그러나 신공화주의는 시민적 덕성을 갖춘 공동체의 구성원이 되는 것 못지않게 그 안에서의 정치적 · 시민적 권리 행사에 초점을 두고 있다. 예컨대, 신공화주의는 모든 시민들이 존엄과 자존심을 가지고 살아갈 수 있는 정도의 사회적 · 경제적 · 문화적 조건들을 보장해 줄 것을 요구한다는 점에서 공동체주의의 입장을 지지(Viroli, 1999/2006)하지만 비롤리는 복지 국가를 사례로 들면서 모든 시민들의 조건을 보장하려는 선의가 오히려 공화주의의 기본 원칙을 훼손할 수 있다는 우려를 아래와 같이 제기한다(Viroli, 1999/2006, 142쪽).

> 이러한 사회적 권리들은 복지국가적 접근과 혼동하지 말아야 하는데. 이러한 복지국가 정책들은 평생토록 국가의 보호를 받아야 하는 사람들을 만들어낼 위험이 있고, 특권을 인정하고 또한 개인들이 자력으로 일어서는 것을 돕지 못한다. 사회적 권리들은 공적 구호(救護)(또는 더 나쁜 형태의 자선)와 혼동하지 말아야 하는데 구호나 자선은 타인을 돕는 것을 돕는 자의 선의(善意)에 의존하도

록 만든다.

이런 맥락에서 신공화주의 담론은 공동체주의 전통보다는 자유주의 전통에 조금 더 가깝게 읽힌다. 현실 정치에서는 헌정주의에 기초한 제도와 결부되어야 비지배를 보장할 수 있다. 그렇다면 신공화주의가 다루는 세 가지 원칙을 국가 간의 관계에서는 어떻게 해석할 수 있을까. 만일 ① 비지배 자유를 실질적 주권 국가로서의 상호 존중으로, ② 헌정주의를 국제법의 실효성 실현으로, 그리고 ③ 시민적 견제를 인권(존엄성)과 생태권에 기초한 초국적 시민 연대라는 공화주의적 국제 관계론으로 확장할 때 여전히 그러한 원칙들이 유효한 것인지 혹은 어떤 점이 다르거나 보완되어야 하는지를 검토해야 한다. 페팃은 그가 신공화주의 이론을 정식화한 1997년으로부터 수차례의 논문을 발표하면서 글로벌 공화주의에 대해 탐색을 해 왔다 (Pettit, 2008, 2016).

신공화주의 국제 관계론에서 국가는 핵심적인 행위자다. 페팃은 비지배 자유의 국제 정치 현실에서 국가 간 지배(state-state domination)에 효과적으로 대처하기 위해 두 가지 측면의 제도적 구상을 제안한다. 하나는 국가들이 서로의 문제를 일종의 공통된 이성(common reasons)의 공간에서 풀어 나가고, 해결하기 어려운 분쟁에 대해서는 그러한 이성이 지지하는 절차적 방식을 통해 조정할 수 있는 국제기구(international agencies) 및 포럼을 구성하는 방식이다. 다른 하나는 약한 입장에 놓여 지배에 노출된 국가들이 서로 연대해 강대국의 우위를 상쇄할 수 있도록 연계를 구성하는 방식이다. 이 두 방식은 모두 다자적 행동(multilateral action)을 요구한다. 한편으로는 모든 국가들이 국제기구의 뒤에 조직되는 전체 다자적(totilateral) 조직화, 다른 한편으로는 다양한 하위 국가 집단들이 강대국에 실질적으로 맞설 수 있도록 블록을 형성하는 부분 다자적(plurilateral) 조직화다(Pettit, 2016).

그러나 이 질문은 이미 오래전에 맥킨타이어가 제기했던 문제, 곧 페팃의 문제는 과연 어떤 종류의 제도에서 그가 옹호하는 공화주의가 구현될 수 있는가'(MacIntyre, 1994, p. 303: Pettit, 1997/2012, 252쪽에서 재인용)와 관련되어 있다. 국가 간의 관계는 힘에 의한 관계인 만큼 다양한 역사와 지정학적 조건에서 복잡한 갑을 관계에 놓여 있는 경우가 많기 때문이다. 예컨대 페팃이 제시한 다양한 다자적 행동에는 국가뿐 아니라 기업과 특정한 글로벌 조직들이 다양한 방식으로 지구적 차원에서 영향력을 행사하고 있다.

그럼에도 불구하고 신공화주의는 시민국가 개념을 구성하는 데에 유효한 시사점을 제공하고 있다. 무엇보다도 ① 비지배 자유, ② 헌정질서, ③ 시민적 견제라는 세 가지 원칙은 민주주의를 제도화했음에도 불구하고 민주주의가 퇴행하는 국가들, 특히 선진국 국가들의 실패에 대해 성찰하고 대안을 모색하는 데 도움을 준다. 나아가 국제 관계에서 비지배 관계라는 담론은 비지배 자유로부터 비지배 평화(peace as non-domination)라는 개념으로 확장할 수 있는 새로운 국제 관계론의 상상력을 제공한다(곽준혁, 2003b; 구갑우, 2025). 비지배 평화는 비지배 자유가 지배 없는 진공 상태를 의미하는 것이 아니라 권위에 대한 자발적 복종을 전제로 하는 적극적인 형태의 자유라는 점과 마찬가지로 지배 없는 평화란 상호 존중과 신뢰를 통한 적극적인 국제 관계에서의 행위를 전제로 한다. 리스타드 역시 국제 관계에서 지리 정치적 비지배(geopolitical non-domination)라는 개념으로 확장하며 국제 정치에서 패권주의적 질서에 대해 대안적 규범을 제공할 수 있음을 시사한 바 있다(Rigstad, 2011). 국가 간에도 자의적 지배가 발생하며, 이는 약소국이나 소국, 시민 사회 주체들의 행위 자유를 억압한다. 따라서 개인의 비지배 자유와 마찬가지로, 국제 관계에서도 지배 없는 상태가 평화의 실질적 조건이 된다. 약자들의 연대는 약한 국가들만의 연대가 아니라 국경을 넘나드는 시민들 간의 연대, 곧 시민적 덕성에 기초한 새로운 연대의 가능성을 제시하고 있다는 점에서 중요한 의미를 지닌다.

시민국가론의 배경과 개념

시민국가의 유래는 이마누엘 칸트의 『영구 평화론』(1785)에서 발견된다. 칸트는 이를 'civita gentium'[67]이라고 표현했다. 전쟁의 폭력성을 포기하고 국가 스스로가 공법의 제약을 받으며 다양한 민족으로 구성된 사람들(gentium)의 국가를 언급한 바 있다(Kant, 1785). 칸트의 이 개념에

---

67) 이와 같은 제목으로 1890년 이탈리아에서 출간된 책이 있다. 영어로 번역되지 않았으나 이 책은 사람들의 사회를 인류사에서 재조명한 것으로 알려졌다. 특히 civitas는 국가에 준하는 개념으로, gentium은 집합적 사람들(군중, 대중, 시민 사회 등)을 의미하는 것으로 이해된다. 저자인 맨돌라(Nino Verso Mendola)는 이 두 개념을 이탈리아의 문화, 종교, 경제, 정치 등의 종합적인 관계 속에서 civitas와 gentium의 개념을 분석한 것으로 보인다.
(https://www.amazon.com/Civitas-Gentium-Italian-Verso-Mendola/dp/1168060249 참조.)

는 다양한 사람들이 지속적으로 확대됨으로써 만들어지는 국가라고 언급했는데, 이 확대의 결과는 더 이상 국가의 바깥이 존재하지 않는 하나의 국가를 의미한다. 다만 그의 개념은 규범적이며 이상적인 개념으로 제시된 것이라 현실 국제 정치와는 거리가 있다.

아시아의 맥락에서 시민국가와 유사한 개념으로는 '소국주의(小國主義)'를 들 수 있다. 최원식은 노자의 도덕경에 나타난 '작은 나라 적은 인민[小國寡民]'을 근거로 설명하고 있다(최원식, 2009). 부국강병을 추구하는 패도(霸道)와 인정(仁政)에 근거한 왕도(王道)에 대해서도 반대하는 도가의 이념은 지배 없는 자유로서 아나키즘에 가깝다. 그러나 최원식은 도가가 현실에서 마주하는 대국에 대해 '소국과민'의 연합 원리를 강조하고 있다. 소국과 과민일수록 그만큼 권력의 크기도 줄어들을 수 있으며 지배 없는 상태 곧 비지배 자유를 구현하기 쉽다. 비지배 자유는 동시에 폭력과 갈등을 사용할 가능성이 크게 준다는 점에서 소국주의는 평화주의와도 상통한다.

소국과민의 연합 원리는 연방제와 유사하다. 서로의 존재를 상호 인정하고 간섭하지 않는 것이다. 최원식은 맹자의 유가를 빌려와 사대(事大)와 사소(事小)의 원리를 설명하고 있다. 중화주의 체제에서 대국을 섬기는 사대주의는 대국이 소국을 잘 섬기는 사소주의가 있어야 가능하다는 것이다. 그는 중화 체제가 작동할 수 있었던 이유는 주변국들이 중화 체제 안에 들어오면 내정에는 거의 간섭을 않는 방임주의를 취했는데 이것은 사소주의의 전통에 기인한 것이라고 설명한다(최원식, 2009). 사소주의와 사대주의의 상호성은 비지배에 의한 자유라는 측면도 있지만 국제 관계적 측면에서는 비지배에 의한 평화의 원리에 더 가깝다고 할 수 있다.

다나카 아키라(田中彰)는 패전 후 맥아더 초안을 매개로 만들어진 일본국 헌법[68](1947년 시행)이 메이지 시대에 활약했던 우에키 에모리(植木枝盛, 1857~1892)와, 나카에 조민(中江兆民, 1847~1901) 등의 민권파(民權派) 헌

---

68) 대국의 길을 선택했던 일본 최초의 헌법인 1889년의 대국주의 헌법과 달리 1947년에 시행된 일본 헌법은 제9조에 전쟁 수행, 전력 보유 그리고 교전 행위 등 세 가지를 모두 포기한 소국주의를 선택하고 있기 때문이다. 물론 현실에서는 이미 2014년 일본의 헌법 9조에 대한 해석을 통해 집단적 자위권을 허용하는 등 실질적으로는 대국을 지향하고 있기 때문에 헌법적 효력이 온전하게 발휘된다고 보기는 어렵다. 오히려 자민당을 중심으로 한 일본 정부는 끊임없이 개헌을 통해 일본이 전쟁이 가능한 보통 국가로의 전환을 시도해 왔다. 보통 국가라는 표현을 쓰고 있지만 이미 경제 대국인 일본은 사실상 군사 강국을 포함하는 대국으로의 전환이 목적이라고 할 수 있다.

법안이 발현된 것으로 설명하고 있다(田中彰, 1999/2002). 우에키는 "1868년 일본이 행한 메이지 유신은 통치자 간의 관계 변화인 만큼 제2의 개혁을 통해 '군민이 함께 하는 군민공치를 이루고, 정부의 독재를 폐하여 인민으로 하여금 정권을 장악"할 것을 주장했다(田中彰, 1999/2002, 65쪽). 국가란 무엇인가라는 질문에 대해 우에키는 "인민이 있고 난 다음에야 존재할 수 있는 것이 국가이며, 헌법은 인민의 자유 권리를 위한 것"(66쪽)으로 설명했다. 그의 주장은 비지배 자유의 시민권의 중요성과 헌정주의라는 관점에서 신공화주의 이론과 다르지 않다.

이와쿠라(岩倉) 사절단[69]에 참여하고 프랑스에 남아

---

69) 서구식 근대 국가를 최초이자 적극적으로 받아들여 아시아의 제국주의 국가로 성장한 일본은 메이지 유신(1868) 이후 이와쿠라 사절단(1871)을 미국과 유럽에 시찰하도록 해 국가 건설에 필요한 지식과 조언을 듣는 거대한 현장 학습을 1년 10개월에 걸쳐 진행한 바 있다. 다나카 아키라(田中彰)에 의하면 이와쿠라 사절단의 보고에는 벨기에, 네덜란드, 스위스, 덴마크, 작센 등 유럽의 소국주의에 대한 자세한 보고가 있었다고 한다. 무엇보다도 자국의 권리를 관철시키고, 타국의 권리를 방해하지 않으며, 타국의 방해를 방지하는 세 가지 원칙이 중요하다는 점을 강조했다(田中彰, 1999/2002). 현실에서는 정한론을 둘러싼 논쟁 끝에 일본은 소국의 길이 아니라 대국의 길을 선택했다.

유학했던 나카에 조민은 서구 열강들의 태도에 대해 약육강식의 국제 질서를 비판했다. 특히 이와쿠라 사절단의 주류를 이루었던 '부국강병'에 대해 강병이 왜 필요한 지에 대한 문제를 제기하며 '도의(道義)'의 중요성을 강조했다. 곧 '신의를 굳건히 지켜 동요하지 않고, 도의가 있다면 대국이라고 하더라도 두려워 않으며 소국이라고 하더라도 그를 멸시하지 않는다'는 점을 강조했다(田中彰, 1999/2002, 79쪽).

도가와 유가 사상 등의 아시아 고전적 전통과 함께 근대 국가를 기획했던 19세기 말 일본에서 나타난 소국주의는 공통된 특징을 가지고 있다. 그 핵심으로는 인민이 먼저 있고 국가가 나중에 존재한다는 민권우선의 원칙과, 사소와 사대에서 보여 준 바와 같이 상호 존중의 원칙 그리고 도의 및 신의에 기초한 평화주의 원칙 등을 들 수 있다. 아시아의 소국주의 사상은 비지배 자유의 원칙과 일치하며 나아가 비지패 평화라는 국가 간의 관계로 확대된다고 볼 수 있다. 헌법과 국가는 이러한 원칙을 위해서 존재하는 것이라는 점도 분명히 하고 있다. 소국주의 사상은 국가란 무엇인가라는 근본적인 문제 제기와 더불어 인민이 더 중요하다는 민권 사상에 기반을 두고 있다. 또한 소국주의로부터 연방제의 가능성과 상호 존중의 원칙에서 비지배 평화의 원리를 엿볼 수 있다.

현실 국제 정치의 맥락[70]에서 시민국가의 개념은 사카모토 요시카즈(坂本義和)가 1998년 한국에서 발표한 논문에서 제기되었다(사카모토, 1998). 시민국가란 'civic'이라는 개념과 'state'라는 대항 혹은 대립 관계를 결합한 모순을 내포한 개념이다(사카모토, 1998, 20쪽). 다시 말하면 국가가 시민적 덕성을 가질 수 있도록 국가의 성격을 전환하려는 기획이라고 할 수 있다. 이런 점에서 민권 사상과 맥락을 공유한다고 볼 수 있다. 사카모토는 시민국가론이 이상적이긴 하지만 불가능한 것은 아니라는 점을 당시의 EU가 보여 준 역내 국가 간 협력 모델로 설명했다. 그는 그 원리에 대해 '정부 차원의 국제적인 협력과 시민 사회 차원의 초국가적 연대가 수평적으로 진행되고 이 두 개의 층이 민주적인 책임(democratic accountablity)을 매개로 해서 한편으로 시민에 의한 정부 감시라는 긴장 관계, 다른 한편으로는 시민과 정부의 분업이라는 협력 관계'를 만들 수 있

---

70) 사카모토의 시민국가론 안은 신자유주의 질서의 세계화에 대한 비판에서 시작되었다. 그 계기는 소련이 해체된 이후 글로벌 자본이 이익 창출을 위해 전 지구적으로 영향력을 확대하자 기존의 국민 국가만으로는 초국적 기업에 대한 공공성에 기초한 규제가 불가능하다는 반성에서 시작된 개념이다.

기 때문에 가능할 것이라는 논지를 전개했다. 긴장과 협력의 시민국가가 구성이 될 수 있을 때, 공공성을 중시하는 '사회적 시장 경제(social market economy)'와 '무력한 시민의 강한 힘(the Power of the Powerless)'[71]에 의한 공공 공간(public space)이 창출될 수 있다는 것이다(사카모토, 1998, 21쪽).

국가는 필연적으로 경계를 구획하려는 속성을 지니고 있다. 경계를 구획하려는 속성은 두 가지 차원에서 문제가 야기된다. 하나는 국내에 영향을 미치는 국가 밖의 힘에 대해 구속력을 갖기 쉽지 않다는 점이다. 다른 하나는 경계를 구획하려는 속성에는 경계를 확장하려는 욕구가 있는 만큼 국경을 둘러싼 분쟁이 국가 안에 언제나 잠재되어 있다는 점이다. 그래서 국제 질서가 실질적으로 공공성을 담보하기 위해서는 국가와 국가는 물론 국가와 시장과의 긴장 관계에서 시민 사회가 어느 정도 힘을 행사하는가가

---

71) 그는 '힘없는 자들의 힘'으로도 번역이 되는 이 표현을 체코에서 오랜 민주화 운동을 했던 극작가 바츨라프 하벨(Václav Havel)의 1985년 책 『The Power of the Powerless: Citizens against the state in central-eastern Europe』(1985, New York)에서 인용했다. 하벨은 1989년 벨벳 혁명으로 알려진 체코의 민주화 이후 첫 번째 대통령으로 선출되었다.

결정적으로 중요하다. 결국 시민국가는 시민 사회에 기초하고 헌정 질서를 존중하며 시민들의 견제를 받거나 시민들의 주도성을 존중한다는 점에서 기본적으로 신공화주의 원칙을 공유한다.

신공화주의 담론과 시민국가론은 적어도 세 가지 점에서 유사점이 있으며 서로 보완 관계에 있다. 첫째, 신공화주의의 사상적 기원인 'res publica'는 국가로 이해되지만 동시에 'civitas'의 성격을 갖는다. 'civitas'란 시민권 혹은 시민권을 가진 사람들의 자유로운 사회, 곧 시민 사회를 의미한다. 둘째, 신공화주의가 제시하고 있는 비지배 자유/헌정주의/시민적 견제의 원칙들은 시민국가론에 중요한 이론적 자원과 전략적 사원을 제공한다. 셋째, 신공화주의 역시 글로벌 공화주의를 지향하고 있다. 다만 국제 관계의 공화주의 담론은 아직 취약하다. 이에 반해 시민국가는 국제 관계 및 지역(regional) 질서를 다루는 데 유용한 관점을 제공한다. 곧, 시민국가의 국가론은 국제 관계의 변화 및 글로벌 공공성을 목적으로 하고 있다는 점에서 개인과 국가에 초점을 둔 신공화주의와 서로 보완적이다.

이런 맥락에서 시민국가란 공화주의 가치를 내면화함으로써 시민적 덕목(civic virtue)을 지향하고 비지배 평화의 원칙을 준수하며 자국민뿐만 아니라 세계의 모든 인민들의 권리를 존중하고 글로벌 공공성을 창출하는 데 기여하는 국가로 정의할 수 있다. 따라서 신공화주의론과 시민국가론은 모두 국가의 역할의 중요성에 주목하고 있다. 자국민뿐만 아니라 타국민에 의해서도 국가가 그 권위를 존중받을 수 있을 때 국제 사회에서 공공성의 도덕적 가치를 더 강화할 수 있기 때문이다. 도덕적 가치는 국제 사회에서 군사력과 자본력을 제어할 수 있는 중요한 자원이다.

비롤리는 카리타스 레푸블리카(caritas republicae), 곧 공동체에 대한 대승적 사랑은 시민들에게는 시민적 의무를 수행할 힘을 주고 위정자들에게는 공동체의 자유 수호에 따른 과중한 의무들을 감당할 수 있는 용기를 주는 등, 이들의 영혼에 힘을 불어넣어 준다고 한다(Viroli, 1999/2006, 164~165쪽). 국가는 기본적으로 국익 추구와 권력의 속성을 가지고 있지만 이러한 이해를 뛰어넘어 공공성의 가치를 위해 스스로를 부정할 수도 있다. 카리타스 레푸블리카는 이러한 모순적 상황을 설명한다. 이런 까닭에 시민국가란 전복의 정치(politics of transformation)와 운동의 정치(politics of movement)의 성격을 본질적으로 내재하고 있다. 전복의 정치란 보편적 인권과 국제 사회의 공공성이 국익에 우선한다는 원칙을 국가가 받아들이는 것을 의미한다. 국권보다 민권이 우선하기 때문이다.

시민국가의 구성: 지역 주권과 연방제

시민국가의 출발점은 지역 주권(local sovereignty)을 실질적으로 보장하고, 연방제 수준의 권력 분산을 추구하는 것이다. 지역의 개념이 모호하지만 일반적으로 군사력에 의지하는 국가와는 달리 국가 안의 한 부분으로서 지역은 공동체의 삶을 최우선으로 하는 삶의 공동체라는 특징을 지닌다. 지역의 개념이 모호할 경우에는 도시 혹은 도시 간 연합을 생각해 볼 수도 있다. 1987년 체제가 수립될 당시 가장 중요한 민주화 과제 중 하나가 '지방 자치의 전면 도입'이었다[72]. 아쉽게도 당시의 개헌 논의에서 지방 분권은 제대로 다뤄지지 못했고 지방의 자치입법권과 재정권에 대한 충분한 보장 없이 선거를 통한 지방 자치 단체장과 의회 구성이라는 형식만 갖춘 셈이다.

---

72) 일본에서도 2009년 자민당의 장기 집권을 깨고 민주당이 승리했을 때 바로 시작했던 개혁 과제가 '지역 주권 개혁'이었다. 2011년 「국가와 지방의 협의의 장에 관한 법률」을 의회에서 제정하고 내각은 「지역주권추진대강」을 결정했다. 당시에 오사카시장으로 당선된 하시모토 도루(橋下徹)가 오사카부와 시를 통합하는 '오사카도 구상'을 발표하면서 일본 내에서 큰 반향을 일으켰다. 2015년과 2020년 주민투표를 실시한 적이 있으나 두 번 모두 부결되었다.

2025년은 지방 자치가 본격적으로 시행된 지 30년이 되는 해다. 그러나 현재의 지방 자치는 중앙의 통제에 대해 눈치를 보아야 하고 선심성 예산에 감사해야 하는 봉건적이며 불완전한 수준이다. 신공화주의의 핵심 원칙인 비지배 원칙에 정면으로 위배된다. 지방 자치에 가장 위협적인 지역 소멸의 문제는 지방이 무능해서라기보다는 모든 자원을 수도권에 집중하면서 발생하는 구조적 문제에 기인하는 바가 크다. 지방은 불완전한 자립 구조 속에서 오히려 지역 고유의 특색을 되살리고 새로운 실험을 통해 지역의 재활성화를 위해 부단히 노력해 왔다.

예를 들면 오랫동안 지방 분권을 추진해 왔던 여러 단체들이 2017년 2월에 '지방분권개헌국민회의'[73]를 출범시킨 바 있다. 이들은 헌법 제1조 제3항에 '대한민국은 지방

---

73) 지방분권개헌국민회의는 2017년 2월 박근혜 대통령의 탄핵 심판이 나오기 전에 만들어졌다. 조기 대선 정국에서 개헌 논의를 염두에 둔 것이다. 여기에는 다음과 같은 지방 자치와 관련한 대표적인 8개의 단체들이 사실상 총망라되었다. 전국시군자치구의회의장협의회, 전국시도의회의장협의회, 전국지방분권협의회, 지방분권전국연대, 한국지방신문협회, 대한민국지방신문협의회, 지역방송협의회, 한국지역언론인클럽 등. 이들이 제안한 지방 분권 개헌안은 다음의 링크를 참조할 것.
http://bunkwon.kr/uploads/szboard/201707051626061.pdf

분권 국가이다'를 명시할 것을 포함한 구체적인 개헌안을 제안했다(중부매일, 2017. 2. 8). 최근에는 풀뿌리에 주목하고 마을이라는 규모 곧 생활 공동체에 주목하면서 '직접 민주마을자치 전국민회(이하 전국민회)'가 구성되었다. 전국민회는 '마을공화국'이라는 표현을 사용하면서 사실상의 지역 주권을 추구하는 경향을 명확히 드러내고 있다. '마을공화국'은 가라타니의 세계공화국을 지향하는 어소시에이션과 상응하는 개념들이다(Karatani, 2006/2007). 전국민회의 주요 개념들은 '직접 민주 마을 자치', '모든 국민은 시민 정치가다', '지구로 생각하며 국가로 기획하고 마을로 실천하라' 등이다.[74] 전국민회는 비록 초기 단계이만 이들의 실험과 세안은 아시아적 맥락에서 소국주의와 닿아 있다.

지역 주권은 국가 주권을 위배하지 않는다. 헌법을 통

---

74) 직접민주마을자치 전국민회는 2021년에 창립되었다. 이들은 앞서 언급한 시민국가의 개념과 유사하다. 예컨대 전략적 단위로 민회와 마을을 내걸고 있으며 직접 민주주의 강화, 사회 불평등 해소, 지역 균형 발전 그리고 기후 위기 대응과 지구적 연대를 강조한다. 마을에서 실천하지만 국제 연대를 통해 글로벌 공공성을 창출하기 위해 노력한다는 점에 주목할 필요가 있다. 다음의 웹사이트 참조. https://npa21.kr/#dipipopup-987496308

해 지역 주권을 보장하되 국가 주권을 침해하지 않는 수준으로 설계할 수 있다. 외교와 국방을 비롯한 안보와 관련된 사항은 여전히 국가의 몫이다. 미국식 연방 제도도 그 한 모델이 될 수 있다. 독일의 분권형 연방제 또한 주 정부(Länder) 간의 협력과 견제를 통해 국가 권력을 시민과 가까이 이어 주는 역할을 했다. 스위스는 다언어 · 다문화 국가로 지방(Canton)자치를 통해 참여와 숙의 민주주의를 일상으로 스며들게 한 전통을 가지고 있다. 국가의 큰 틀은 유지하되 지역 간의 수평적 연대, 자율성의 보장, 그리고 지방의 입법권을 보장하면서 다양성이 공존하고 서로 다른 실험을 통해 배워 가는 지역 상생을 제도화하는 것이다.

지역 주권의 또 다른 핵심은 연방에 있다. 연방의 의미는 지역을 나누기만 하는 것이 아니라 지역을 더하고 곱하는 상생의 연대다. 님비에 익숙한 지역 이기주의가 아니라 상생을 통해서 다른 지역이 우리 지역에 어떤 도움이 되는지, 반대로 우리 지역은 다른 지역에 어떤 도움을 줄 수 있고 받아야 되는지 서로 다른 시선으로 지역을 성찰하고 실험해 보는 시행착오[75] 기간도 필요하다. 대통령의 임기 내

---

75) 일본의 지역 운동은 2000년대 이후 지역 주민 스스로가 자신들의 삶의 터전과 지식을 재발견하고 지역의 미래를 스스로 설계하기 위

에 이루어질 수 있는 정책이 아니며 정권이 바뀌어도 지속되어야 하는 장기적 과제다. 중앙이 허락하는 범위에서 이루어지는 지방 분권 정책이 아니라 지방이 필요하다고 판단하면 실시할 수 있을 만큼의 자율성을 보장하는 것이다.

지역 주권을 통한 연방제의 실험은 공화주의의 실현과 시민국가로의 전환에 핵심적인 요소다. 비지배의 원칙은 특정 지역이 상위 기관이나 중앙 정부에 의해 동의할 수 없는 정책을 떠맡는 것이 아니라 납득할 수 있는 정책에 협조하고 스스로의 입법권과 자치권을 행사하는 과정이다. 곧, 적어도 세 가지 차원의 협력이 필요하다. 중앙과 지방, 지방과 지방, 그리고 지방 내의 크고 작은 다양한 협력이 모두 가능해야 한다. 이 과정이 연방제의 핵심이다. 연방제는 중앙을 통하지 않고 지방 간에 협력을 할 수 있는 장점이 있고 그러한 협력은 오히려 중앙을 변화시킬 수 있는 설득력을 가질 수 있다.

연방제는 중앙과 지방 간의 관계는 물론 지방과 지방

한 실천적 학문으로 지모토가쿠(地元学)를 형성해 왔다(吉本哲郎, 2008). 특히 지모토가쿠는 지역 주민이 자발성과 자주성을 강조하지만 스스로 보지 못하는 것들을 타자의 시선, 곧 외부의 시선을 통해 자신들을 발견하는 방식을 중요하게 여김으로써 열린 지역학 혹은 지역 간의 상호성을 중요하게 여긴다.

간의 관계에서 실질적인 협력을 이루어 가는 것이 중요하다. 특히 한국의 지역 사회는 그동안 자생의 조건을 많이 상실했다. 단적인 예로 인구 문제는 심각하다. 이미 인구 소멸이 심각한 지역에서는 관계 인구 확대, 외국인 유치 등을 통해서 적극적으로 인구 유입 정책을 펼치고 있다. 실제로 이제 누가 지역의 주민인가를 새롭게 묻고 답해야 하는 시기이다. 외국인 노동자 없이는 농어촌 사회도 유지되기 어려운 현실과 관광객에게 의존하는 자영업자들의 비중 확대, 유학생 없이 유지되기 어려운 교육 기관 등은 이미 우리의 현실이다. '국민'이라는 표현이 어색해진 것도 이러한 현실을 반영한다. 지역 안에 글로벌 세계가 이미 들어와 있는 셈이다.

지역 주권 확립을 통한 실험과 연방제의 경험들이 쌓이면 남북 관계의 변화에도 도움이 될 것으로 기대한다. 2018년 당시에는 광역 자치단체 모두가 남북 교류 협력에 관한 조례를 이미 가지고 있거나 제정했으며 필요한 기금도 마련한 바 있다. 남북 관계가 다시 경색되면서 일부 광역 지자체에서는 이를 폐지하거나 유명무실한 상태로 남아 있다. 그러나 시민력이 장기간에 걸쳐 진행되어야 하는 문제이듯이 연방제의 경험치가 쌓이면 남북 교류에도 새로운 바람을 가져올 수 있다.

아시아 공화권 : 분단 체제의 극복과 남방 외교

분단 체제는 세계 체제(아시아 대분단 체제)와 한반도 분단 체제, 그리고 남남 갈등의 세 가지 수준에서 중첩되고 서로 교호하는 상승 작용을 통해 유지 · 변형된다. 예컨대 주한 미군은 남북 분단 체제를 유지 관리하는 기능을 하지만 동시에 중국을 견제하는 동북아 분단 체제의 관리자이기도 하다. 오키나와에 주둔하는 미군 또한 미일 안보 동맹을 근거로 아시아 태평양 지역의 군사 안보의 경계를 유지 관리한다. 실제로 동북아 국가들의 군사력과 경제력은 세계 총량의 2/3를 각각 차지한다. 미국도 동북아 질서를 좌우하는 엄연한 지정학적 동북아 국가이다. 이러한 분단 체제의 특성으로 동북아에서는 다자 안보 회의[76]가 사실상 존재하지 않는다.

불행히도 동북아 국가만으로는 그러한 미래를 열어 가는 것이 어려워 보인다. 1991년에 남북 관계가 새롭게 정

---

76) 역설적으로 북핵 문제가 2003년에 최초의 동북아 다자 안보 회의를 여는 계기를 열었다. 이른 바 6자 회담이 열린 것이다. 2005년의 9·19 합의 내용은 동북아의 분단 체제를 극복하고 협력의 동북아 체제로 전환할 수 있는 주요한 내용을 담고 있었지만 선언문 수준에서 멈추고 말았다.

의되고, 1992년에 한국이 러시아 및 중국과 국교 정상화를 맺으며 북방 외교를 진행했으며 1998년에는 한일 관계가 새로운 국면으로 전환하는 과정에 있었다. 이런 맥락에서 남북 간 정상회담이 2000년에 성사되었고 2002년에는 한일 공동 월드컵을 개최하면서 남북 분단과 동북아 분단 체제가 조금씩 허물어지기도 했다. 2000년 전후에 일어난 일련의 변화는 오래된 적대감 대신에 신뢰를 쌓아 가며 동북아에 대한 새로운 기대를 낳았다. 『동북아시아 공동의 집: 신지역주의 선언』(和田春樹, 2003/2004) 등 한중일을 중심으로 한 동북아 평화에 대한 논의들이 활성화되었다.

그러나 일본인 납치 문제가 일본에서는 반북 감정을 불러왔고 북미 간에는 북한의 핵 개발과 관련한 갈등 관계가 당시 남북 관계의 발전과는 반대 방향으로 흘러가며 엇박자를 이루었다. 이어진 영토 갈등과 역사 갈등은 한반도와 주변 국가들의 분단 체제를 다시 강화시켰다. 게다가 중국의 성장을 경계하는 미국은 이 지역에서 새로운 분단의 벽을 만들어 냈다. 군사적으로는 사드 배치의 문제가 등장했고 경제적으로는 무역 제재가 들어갔으며, 기술적으로는 기술 안보와 기술 패권에 대한 장벽이 만들어졌다.[77] 결국

77) 이일영과 정준호는 동아시아 공동체의 위기에 대하여 첫째, 미중

동북아는 미중 간의 갈등, 동북아의 분단(영토 및 역사 문제 등), 남북 분단, 그리고 남남 갈등 등 다양한 층위의 분단 체제가 중첩되어 분단을 강화하는 기제로 작동하기 때문에 동북아 평화 체제 구축은 쉽지 않다. 동북아에서의 국가 간 관계는 군사 동맹에 기초한 국가 안보를 최우선으로 하기 때문에 인민 안보 혹은 인민 주권이 설 자리가 매우 협소해진다. 갈등에 기초한 동북아 분단 체제는 국가를 최고의 행위자로 복귀시키기 때문에 인민 주권을 우선시하는 시민국가로의 전환을 동시에 어렵게 만든다.

그러나 역으로 시민국가로의 전환 과정을 통해 분단 체제의 요인들을 약화시킬 수 있는 접근법을 모색하는 것이 필요하다. 곧, 시민국가는 안과 밖의 분단 체제를 극복해야 하는 중간 지점에 존재한다. 기존의 국가와 같이 권력을 국가 차원에서 갖기보다는 지역 주권을 인정하는 시민국가에서는 로컬이 보다 자유롭고 능동적으로 외교 활동을 벌일 때 그 가능성이 열린다. 지역 주권은 내재적으로

패권 경쟁이 가속화되면서 화해보다는 혐오 감정이 증대되었으며, 둘째, 중국이 부상하면서 중국의 지식 사회는 동아시아론을 외면했다는 점, 그리고 인도-태평양 지역 자체가 미국과 중국의 지정학적 패권이 충돌하는 지점이라는 점을 들고 있다(이일영·정준호, 2025).

는 국가 주권보다 지역[78]의 인민 주권을 우선함으로써 지역의 자율성을 확보하는 것에 있지만 외재적으로는 로컬이 국경을 넘어 지역 간(translocal cooperation)을 통해 시민들의 신뢰를 구축하고 교류와 연대의 전통을 만들어 가는 방식이다. 장기적으로 국경을 넘는 로컬 간 협력과 신뢰를 통해 군사 안보 중심의 국가 간 관계를 포위해 가는 전략이라고 할 수 있다. 곧, 소국주의(로컬)의 존중과 소국 간 연대(local to local)를 통해 대국(국가)을 견제하고 설득하는 방식이다.

로컬 간 협력이 동북아 지역에서 필요한 또 하나의 이유가 있다. 동북아의 국가는 동남아 및 유럽과 달리 비대칭성이 크다. 경제, 군사, 영토, 인구 등 모든 면에서 서로 비대칭적 크기의 국가들이며 역사적 관계 및 군사적 관계의 측면에서도 대등한 관계가 아니다. 반면에 로컬은 이러한 다양한 차원에서의 비대칭성과 역사 및 군사적 관계에서 상대적으로 자유롭다. 동북아 지역에서 로컬이 국제 행위자로 등장해야 하는 이유이기도 하다. 군사력에 의존하

78) 지역이라는 표현이 동북아 권역이라는 'region'의 의미와 지방이라는 'local'의 의미를 모두 표현하기 때문에 문맥에서 혼동을 줄 염려가 있어서 필요한 경우에는 지역 대신 로컬로 표현하기로 한다.

고 힘의 관계에서 이미 지배의 논리가 내재한 국가들의 국제 관계는 결코 비지배 평화를 만들어 내기 어렵다. 국제관계의 공적 행위자가 더 많이 늘어나야 한다. 작은 단위의 행위자가 늘어나야 인간적 유대에 기초하기 쉽고 그러한 관계가 촘촘하게 형성되어야 신뢰와 우정에 기반한 초국적 연대가 가능하기 때문이다.

다른 한편, 시민국가의 외교 전략은 동북아라는 틀에서 동남아를 포함하는 동아시아로 그 영역을 확대해서 전개할 필요가 있다. 이른바 성장주의 담론에 기초한 베세토(BeSeTo)라는 한중일 국가 중심의 동북아 혹은 한미일 동맹이라는 군사 중심의 동북아 체제에서 완전히 벗어나는 인식의 전환이 필요하다. 분단 체제의 구속력이 떨어지는 동남아 국가들과의 교류와 협력을 확대하는 것이 중요하다. 조금 떨어져 있지만 교류와 협력이 왕성한 동남아 국가들 혹은 호주 · 뉴질랜드 등의 남반구에 있는 국가들과 연대하고 협력하는 넓은 의미의 남방 외교로 확장하는 우회 전략이 더 효과적이다.

남방 외교로 확장할 경우, 반둥회의(평화 10원칙)가 외교적 자산으로 남아 있다. 1955년의 반둥회의는 인도와 중국의 국경 분쟁으로 중단되었지만, 이후 중요한 정신적 자산으로 남아 있다. 무엇보다도 반둥 정신은 주권과 영토를 상호 존중하며 국가의 대소에 관계없이 평등하고 평화적 수단에 의해 분쟁을 해결하려고 한다는 점에서 아시아의 오랜 소국주의 전통과 닿아 있다. 실제로 반둥 정신은 이후 카이로에서 1957년, 아프리아-아시아 인민연대회의(Afro-Asian People's Solidarity Conference)로 이어졌고 1961년에는 유고 연방의 티토 대통령이 주도해 비동맹운동(Non-Aligned Movement: NAM)을 공식 출범시켰다(김태균 · 이일청, 2015).

반둥회의는 중단되었지만 이를 기념하는 회의가 지속적으로 열려 그 정신을 기념하고 공유하고 있다. 오늘날 ASEAN이라는 EU에 버금가는 지역 공동체도 여기서 출발한 셈이다. 동남아 국가들 대부분[79]이 우리는 물론 북한과도 국교를 맺고 있다. 특히 동남아 국가들은 ASEAN뿐만 아니라 동남아 비핵지대(SEANWFZ)[80]를 선언하기도 했

---

79) 아세안 10개국은 한국과 모두 외교 관계를 수립했으며 북한과는 싱가포르와 필리핀을 제외한 8개 국가가 외교 관계를 맺고 있다.

80) 1995년 방콕에서 열린 회의에서 당시 동남아 10개국이 참여해 동남아 비핵지대에 모두 서명하고 1997년 3월 28일에 발효되었다. 그러나 공식 핵보유국인 5P(미국, 러시아, 중국, 영국, 프랑스)는 조약의 적용 범위와 해석의 차이로 동남아 비핵지대 의정서를 비준하지 않았다.

다. 동남아 국가들의 다자간 협력과 연대의 자원은 남방 외교가 지향해야 할 중요한 모델이다. 게다가 동남아 국가는 외국인 노동자, 다문화 가정, 유학생, 관광객 등의 통계에서 한국으로 유입되는 인구가 빠르게 늘어나고 있는 추세다.

남방 외교에 접근하는 또 다른 방법은 우리 사회 안에 이미 체류하고 있는 외국인들에 대해 보편적 시민권을 적극적으로 보장하는 것으로부터 출발할 수 있다. 이들의 체류 목적과 기간이 모두 상이하지만 한국이라는 시공간에서 안전하게 그리고 보편적 시민으로서의 권리를 인정해 주는 것이 중요하다. 단일 민족 국가라는 국민적 정체성을 강요하는 것이 아니라 이들 각각의 시민으로서의 정체성을 존중하고 한국의 정체성과 어울릴 수 있는 포용적 문화를 구성하는 것이다. 이것은 우리 스스로에게 대한민국이라는 국가가 국민 국가에서 시민국가로 전환하고 있음을 알리는 메시지이기도 하며, 동시에 국내 거주 외국인들이 스스로 체감함으로써 한국을 파트너 국가로 인식하게 할 수 있는 중요한 과정이다.

시민 외교는 국가만으로 이루어 낼 수 없는 외교다. 예컨대, 일본 정부가 동아시아 역사 문제에 대해 진심 어린 사과를 하려고 하지 않지만 오키나와 시민들이 진정 어린 사과와 미안함을 담아 만든 작은 기념비들은 우리에게 또 다른 메시지를 전하고 있다. 아시아의 여러 대학들도 서로 협력해 차세대 리더십을 아시아 현장에서 공유하며 공동으로 키워 낸 바 있다. 시민국가는 단기적 국익을 추구하는 것이 아니라 모두의 이익 곧 새로운 공공성을 창출함으로써 지속적이고 장기적으로 국가에 도움이 될 수 있도록 한다. 그러한 공공성을 추구하는 주체가 국가만이 아니라 지역 분권에 의해 다양한 로컬이 주체가 되고 시민 사회의 다양한 공간들이 아시아 공공성 창출의 공간이 되도록 지원하고 협력하는 것이 시민국가의 핵심적인 외교 전략이다. 아시아 공화권은 과거 일본제국주의가 그렸던 대동아공영권처럼 위에서 강제로 그려 내는 것이 아니라, 작지만 우정에 기초하고 공공성을 증대할 수 있는 새로운 공간들이 열리고 축적되고 다시 관계 맺으며 오랜 기간에 걸쳐 아래로부터 만들어지는 하나의 과정이라고 할 수 있다.

맺음말

신공화주의 담론은 민주주의에 대한 비판적 성찰과 반성을 할 수 있을 뿐 아니라 본래의 정치를 회복하는 데 유용한 개념이다. 그러나 신공화주의 담론을 국제 관계로 확장했을 때 글로벌 공화주의는 힘에 의한 현실주의 외교 앞에서 어떻게 가능할 것인가라는 의문을 낳는다. 또한 유럽과 달리 다양한 층위의 분단 체제가 악순환 구조를 이루고 있는 동북아에는 그대로 적용하기 더욱 어렵다. 동북아는 냉전의 유산으로 남은 분단 체제가 작동하고 있을 뿐 아니라 역사적 갈등과 영토 갈등이 남아 있고 영토, 인구, 군사, 경제 등에서 국가 간의 비대칭성이 크기 때문이다.

이러한 문제의식에서 글로벌 공화주의에 해당하는 아시아적 전통을 살펴보면 멀리는 도가와 유가 등에서 나타나는 소국주의론과 가까이는 근대 국가를 학습하고 기획했던 일본 메이지 시기의 소국주의 등에서 아시아적 맥락의 공화주의 담론을 찾아볼 수 있었다. 그 핵심은 국권보다 민권을 우선한다는 점과 충분히 자유롭기 위해서 소국과민을 모색했다는 점, 그리고 소국들 사이는 물론 소국과 대국 간에도 상호 존중하는 사소주의와 사대주의에 의한 상생의 논리가 작동했다는 점이다. 도가 및 유가 그리고 민권 사상에 나타나는 또 하나의 흐름은 도의(道義)의 중요성이다. 공화주의 담론에서 중요하게 여기는 시민적 덕성과 유사한 개념이라고 할 수 있다.

신공화주의 담론의 세 가지 원칙인 비지배 자유, 헌정

주의, 시민적 견제 등은 시민국가론에서도 중요한 원칙이다. 현실 정치에서 국가는 서로 다른 많은 국가들과의 관계 속에서 존재하기 때문에 국가의 안과 밖을 같이 보고자 했다. 시민국가를 안에서 구성하는 핵심적인 요소는 로컬의 자율성을 지역 주권 수준에서 인정하고 격려하는 것이다. 그래야 작지만 다양한 실험들을 통해서 그 성과를 공유할 수 있다. 그뿐만 아니라 연방제를 통한 지역 간 협력은 수도권 집중을 완화하고 협력의 경험을 제도화할 수 있다. 국내 차원의 로컬 간 협력은 동북아 및 국제 사회에서 다양한 공공 외교의 주체로서 국경을 넘는 로컬 간 협력으로 이어지고 이는 다시 패권형 국가 권력을 시민국가로 전환시킬 수 있는 가능성을 제공한다.

서두에서 제기했던 제6공화국의 한계를 극복하는 방식은 정권 교체나 단순한 개헌이 아니라 국가의 성격을 근본적으로 전환하는 방식이어야 한다. 그 대안은 국민 국가 및 대의 민주주의로부터 시민국가 그리고 민주 공화정으로의 실질적인 변화이다. 그러기 위해서는 국가 안보 혹은 국가 주권이라는 국가 중심적 사고에서 인민 중심적 사고로의 전환이 필요하다. 국가가 가지고 있는 권력을 스스로 놓아야 하기 때문이다. 그 방식은 지역 주권을 통해 국가 권력을 실질적이고 수평적으로 교체하는 것이다. 지역 주권은 상호 존중과 신뢰를 기반으로 서로 협력하는 연방제에 의해서 긴밀한 상호 관계를 형성한다. 동시에 국가는 필요하면 개입할 수 있을 만큼의 대표성과 효율성을 가져야 한다. 동북아와 같이 비대칭적이며 지배의 논리가 관철되는 곳에서는 로컬이 다양한 국제 관계의 행위자로 등장하고 국경을 넘는 로컬들의 협력을 통해 국가 권력의 자의적 지배를 견제하고 설득할 수 있어야 한다. 무엇보다도 동북이 국가 간에 재생산되고 있는 분단 체제를 극복하는 것이다.

그러나 동북아 지역에서 분단 체제를 극복할 만큼 시민국가가 성장하거나 시민국가가 성장할 만큼 분단 체제가 약해지기 쉽지 않다는 점에서 동북아는 동남아의 협력 질서를 적극적으로 학습하고 이들과의 관계를 통해서 동북아의 분단 체제를 극복할 수 있는 가능성을 마련할 필요가 있다. 곧, 동남아와 협력함으로써 새로운 공공 공간(transnational/ local public space)을 창출해 가는 것이다. 작은 공간이라도 다자간의 참여와 신뢰가 구축될 수 있는 동북아와 동남아 간 협력의 틀 혹은 협력의 어젠다를 만들어 내고 경험을 축적해 나가야 한다. 동북아와 동남아의 협력 모델이 구축되면 이를 점차적으로 확대해 나가는 게 필요하다.

시민국가는 이제 세 가지의 축으로 정리될 수 있다. 첫째, 공화주의적 원리에 기초한 제도 개혁, 둘째, 지역 자치의 실질화를 넘어선 지역 주권과 연방적 분권 구조, 셋째, 시민 사회의 정서적 · 문화적 · 정치적 연대를 통한 초국가적 공공성 창출이다. 이러한 시도는 결코 단기간에 완성될 수 없다. 반복되고 누적되는 광장의 정치적 경험, 생활 속의 공론장, 지역과 도시를 연결하는 민회의 확산 등은 하나의 국가가 어떻게 공화국으로 다시 태어날 수 있는가를 보여 주는 살아 있는 실험이 된다. 그것은 더 나은 정치를 위한 상상력의 회복이며, 정의로운 공동체를 위한 감각의 회복이다. 바로 이 지점에서, 시민국가는 공화국의 미래를 말하는 단어이자 우리가 함께 다시 구성해 나가야 할 공동의 과제다.

참고문헌

강원택(2017). 87년 헌법의 개헌 과정과 시대적 함의. 『역사비평』, 119호, 12~27.

곽준혁(2003a). 갈등, 혼합정체 그리고 리더십: 마키아벨리의 『로마사 논고』를 중심으로. 『정치사상연구』, 9집. 171~194.

곽준혁(2003b). 민족주의 없는 애국심과 비지배 평화원칙. 『아세아연구』, 51권 1호, 133~163.

곽준혁(2005). 민주주의와 공화주의: 헌정체제의 두 가지 원칙. 『한국정치학회보』, 39십 3호, 33~57.

곽준혁(2008). 왜 그리고 어떤 공화주의인가. 『아세아연구』, 131호, 133~163.

구갑우(2025). 신공화주의적 평화의 길: 국제 정치적 한반도적 상상 또는 설계. 『동향과 전망』, 123호, 137~179.

구선영(2019). 국제관계 형성의 기섬으로서의 베스트팔렌 신화 재고: 각국의 역사적 문맥에 배태된 다양한 주권개념형성에 관한 시론. 『국제정치논총』, 59집 2호, 7~50.

김경희(2009). 『공화주의』. 서울: 책세상.

김경희(2022). 공화주의와 갈등해결: 혼합정체론을 중심으로. 『역사와 현실』, 123호, 391~416.

김성호(2017, 2, 8). 지방분권개헌국민회의 출범:
대한민국지방신문협의회 · 한국지역언론인클럽 등 9개단체 MOU 체결 헌법 개정 공동안 발표. 『중부매일』.
https://www.jbnews.com/news/articleView.html?idxno=782261

김태경 · 이일청(2015). 반둥 이후: 제3세계론의 쇠퇴와 남남협력의 정치세력화. 『국제정치논총』, 58집 3호, 49~99.

사카모토 요시카즈(1998). 세계시장화에 대한 대항구상. 『한림일본학 연구』, 3집, 6~38.

서복경(2019). 2016~2017년 촛불 항쟁에서 돌아본 30년의 한국정치. 강원택 외(2019). 『한국민주주의 100년의 혁명 1919~2019』(289~326쪽). 한울.

서용순(2017) 네그리-하트-랑시에르의 계급론적 주체 이론에 대한 연구: 다중(Multitude)과 데모스(Demos)를 중심으로. 『대한철학회논문집』, 142호, 121~143.

이기호(2016). 1970년대 창비의 민중담론과 종교의 대화. 창비50년사 편찬위원회 엮음. 『한결같되 날로 새롭게』. 창비.

이기호(2008). 21세기 공공성의 정치학적 재구성. 김세훈 외. 『공공성: 공공성에 대한 다양한 접근』. 서울: 미메시스.

이기호(2025). 정당정치의 위기와 광장 정치의 변화: 민중주의와 공화주의. 『동향과 전망』, 123호, 56~82.

이신행(2006). 『풀뿌리 정치와 사회적 정당성』. 서울: 법문사.

이일영 · 정준호(2025) 글로벌 공화주의의 지정(경) 전략. 『동향과 전망』, 123호, 99~136.

정상호(2023). 한국의 보수 · 중도의 새로운 정치 이념으로서 공화주의의 가능성과 한계. 『동향과 전망』, 120호, 166~199.

장은주(2023). 왜 지금 '공화'인가?: 한국 민주주의 '공화화'라는 과제와 민주적 공화주의. 『민주주의와 인권』, 23권 1호, 5~35.

조승래(2010). 『공화국을 위하여』. 도서출판 길.

최원식(2009). 『제국 이후의 동아시아』. 창비.

필립 페팃 · 곽준혁(2009). 공화주의와 한국 사회: 필립 페팃 교수와의 대담. 『아세아연구』, 52권 1호, 103～296.

한상희(2022). 시민 주도형 헌법 개정 절차: 헌법 개정 절차의 민주적 구성을 위한 사례 분석. 『입법학연구』, 19집 1호. 53～94.

田中彰(1999). 『小国主義: 日本の近代を読みなおす』. 岩波新書. 강진아(역)(2002). 『소일본주의: 일본의 근대를 다시 읽는다』. 서울: 소화.

和田春樹(2003). 『東北アジア共同の家: 新地域主義宣言』. 平凡社. 이원덕(역)(2004). 『동북아시아 공동의 집: 신지역주의 선언』. 서울: 일조각.

柄谷行人(2006). 『世界共和国へ：資本＝ネーション＝国家を超えて』. 岩波書店. 조영일(역)(2007). 『세계 공화국으로: 자본＝네이션＝국가를 넘어서』. 도서출판 b.

吉本哲郎(2008). 『地元学をはじめよう』. 岩波書店.

Acemoglu, D., & Robinson, J. A.(2012). *Why nations fail: The origins of power, prosperity, and poverty*. 최완규(역)(2012). 『국가는 왜 실패하는가』. 시공사.

Anderson, B.(1983). *Imagined communities: Reflections on the origin and spread of nationalism*. 서지원(역)(2018). 『상상된 공동체: 민족주의의 기원과 보급에 대한 고찰』. 서울: 길.

Arendt, H.(1961). *Between past and future: Eight exercises in political thought*. 서유경(역)(2005). 『과거와 미래 사이: 정치사상에 관한 여덟 가지 철학 연습』. 푸른숲.

Beck, U.(2002). *Power in the global age: A new global political economy*. 홍찬숙(역)(2011). 『세계화 시대의 권력과 대항권력: 새로운 세계정치경제』. 서울: 길

Jessop, B.(2016). *The state: Past, present, future*. 지주형(역)(2024). 『국가론: 국가의 형성에서미래의 추세까지』. 여

문책.

Krasner, S. D.(2005). Building democracy after conflict: The case for shared sovereignty. *Journal of Democracy, 16*(1), 69~83.

Lio, M. S.(2014). On the people's terms a republican theory and model of democracy: Philip Pettit. *Philinq-philosophical inquiries, 2*(2), R1~R3.

Mouffe, C.(2005). *The return of the political.* verso. 이보경(역)(2007). 『정치적인 것의 귀환』. 후마니타스.

Mouffe, C.(2018). *For a left populism.* Verso. 이승원(역)(2019). 『좌파 포퓰리즘을 위하여: 새로운 헤게모니 구성을 위한 샹탈 무페의 제안』. 문학세계사.

Pettit, P.(1997). *Republicanism: A theory of freedom and govenrment.* 곽준혁(역)(2012). 『신공화주의: 비지배 자유와 공화주의 정부』. 나남.

Pettit, Phiip(2007). Republican Freedom: Three Axioms, Four Theorems. Princent University Working Papers No. 07-004.

Pettit, Phiip(2010). Republican Law of Peoples. European Journal of Political Theory, vol 9, No.1, 70~94.

Pettit, P.(2016). The Globalized Republican Ideal. *Global Justice: Theory Practice Rhetoric, 9*(1). 47~68.

Rigstad, M.(2011). Republicanism and geopolitical domination. *Journal of Political Power, 4*(2), 279~300.

Skinner, Q.(2010). On the slogans of republican political theory. *European Journal of Political Theory, 9*(1), 95~102.

Turchin, P.(2023). *End times: Elites, counter-elites, and the path of political disintegration.* 유강은(역)(2025). 『국가는 어떻

게 무너지는가: 엘리트, 반엘리트, 정치적 해체의 경로』. 생각의힘.

Levitsky, S., & Ziblatt, D.(2023). *Tyranny of the minority: Why American democracy reached the breaking point*. 박세연(역)(2024). 『어떻게 극단적 소수가 다수를 지배하는가: 우리의 민주주의가 한계에 도달한 이유』. 어크로스.

Viroli, M.(1999). *Repubblicanesimo*. 김경희 · 김동규(역)(2006). 『공화주의』. 서울: 인간사랑.

지은이

이기호

한신대학교 교수. 연세대학교 정치외교학과 졸업. 동 대학원 정치학 박사. 도시 간 협력을 통한 평화와 동북아 시민사회에 대한 연구를 해왔다. 최근에는 공화주의와 시민국가론을 공부하면서 동아시아공동체의 담론을 제기하고 있다. 주요 저서로는 『아시아 정치변동과 사회운동의 변화』(2010, 공저), *Reconciling and Divided States*(2022, 공저), *Complexity, Security and Civil Society in East Asia*(2015, 공저) 등이 있다.

구갑우

북한대학원대학교 교수. 연구 분야는 평화 연구, 국제정치경제, 북한외교다. 지은 책으로는 『비판적 평화연구와 한반도』(2007), 『국제관계학 비판』(2008) 등이 있고, 논문으로는 "탈식민적 분단국가의 재생산: 남북한과 아일랜드-북아일랜드의 사회적 장벽 비교"(2012), "북한 핵 담론의 국제정치"(2017), "평창 '임시평화체제'의 형성 원인과 전개"(2018), "북한의 '우리 국가제일주의' 담론의 계보학"(2024), "신공화주의적 평화의 길"(2025) 등이 있다.